영어가 쉬운 이유는 모든 문장을 만드는
순서와 위치가 규칙적이기 때문이다.

영어 가정법의 모든 것

Copyright 2013. Henry Yoo, 유현철
Printed in 2013 by Music Thyme Company

지은이 유현철, 유지연
펴낸 곳 음악의 향기
컴퓨터 인쇄 및 제본 광동문화사
재판 2019년 6월 15일

등록일 2018년 8월 1일
등록번호 제 2018-000096
주소 ; 서울 영등포구 당산동1가 41-3 제2건물 3층
대표전화 0502-111-2020
e-mail   ; popjazzpiano@hanmail.net

ISBN   978-89-94182-13-1 12740

값 **10,000원**

영어 가정법의 모든 것

- 가정법 영어가 어려운 이유는
시제가 우리말과 다르기 때문이다 -

저자 유현철, 유지연

글쓴이의 말

 학창 시절 영어를 공부할 때 가장 힘들고 어려웠던 부분이 영어의 가정법이었던 것 같다. 물론 다른 부분도 그다지 쉬웠던 것은 아니었지만 가정법 영어는 더욱 그랬다. 공부할 때 어렵다는 뜻은 이해가 잘 되지 않는다는 것이다. 학습의 정의는 '완벽한 이해를 토대로 반복하여 완전하게 내 것으로 만드는 것'이다. 지금은 기억이 나지 않지만 어느 유명한 교육학자의 말이다. 절대로 공감하는 부분이다.
 영어가 어렵다고 하는 것은 아마도 이처럼 완벽하게 이해가 되지 않은 상태에서 외우기만 하기 때문일 것이다. 무조건 외우기만 하는 것은 망각의 가능성이 너무 높다. 새로운 것을 배우면서 동시에 그동안 외웠던 것을 망각하지 않도록 유지하여야 하는 노력을 하여야 하는데 공부의 양이 많아질수록 그 부담은 정말 엄청난 양이 된다. 그러니 무식하게 외우기만 하니까 영어에는 왕도가 없다느니 끈질기게 책상 앞에 앉아 있는 사람이 이긴다느니 하는 참으로 비효율적 공부방법이 정답인양 여겨지는 것이다.
 반대로 이해는 완벽한데 반복해서 내 것으로 하지 않으면 잊어버리는 것은 마찬가지이다. 여러분도 공감하겠지만 공부 시간에 완벽한 이해를 해서 평생 잊혀지지 않을 것처럼 보이지만 실제 어느 정도 시간이 지나면 망각의 상태가 되고 만다. 필자가 강의를 하다 보면 경험하는 것이지만 수강자가 완벽하게 이해되었다고 하면서도 일정 시간이 지난 후 강의를 다시 할 때 마치 처음 듣는 것처럼 반응을 하는 경우가 참 많다. 심지어는 서너 번씩 들었음에도 처음 강의하는 것이라고 우기는 경우까지 있다.

 완전히 내 것으로 한다는 것은 어떤 의미일까?
 반복해서 내 안에 들어와 있어서 거의 그 사실에 관련한 것이 나올 때 즉각적인 반응을 하는 상태에 이르는 것이다. 성인의 경우 특히 이해가 되지 않으면 받아들이지 않으려는 경향이 강하다. 반대로 아동의 경우 이해 시키는 게 힘들기 때문에 일단 반복 교육을 먼저하고 나중에 이해를 하기 위한 설명이 더 나은 것 같다.
 즉 성인과 아동의 교육방법이 다르다는 것이다. 그렇지만 영어의 경우 이해보다 먼저 많은 문장을 읽게 한 다음에 이해를 시키는 경우가 효과적일 때가 있다. 왜냐하면 머리 속에 예문이 많기 때문에 이해가 쉬운 것이고 또 많은 영어 문장을 읽다가 자기도 모르는 패턴을 인식하게 되기 때문이다.
 그래서 필자는 이해가 되지 않는 암기는 시키지 않는다. 대신 그냥 많이 읽기를 먼저 시키고 설명을 먼저 하기보다는 질문이 나왔을 때 그 때 설명을 하는 방법을 택하고 있다. 스스로 학습하고 터득하는 'heuristic' 방법론을 개발한 이유가 여기에 있다. 어떻게 보면 자연스러운 암기와 이해를 병행하는 것이다. 이러한 방법론은 필자만의 'Heuristic Program'이라고 명명하였다.
 이렇게 가정법영어에 대한 설명을 하기 전에 장황하게 영어와 학습에 관한 내용을 늘어놓는 이유는 가정법영어가 바로 여기에 해당되기 때문이다. 처음부터 가정법을 설명하기 위해서는 가장 핵심이 되는 '시제'를 설명하여야 하는데 문제는 영어의 시제와 한국어의 시제가 서로 다른 데에 있다. 우리가 항상 영어 공부를 할 때 어려운 난관에 부닥뜨리는 것은 영어에는 존재하는데 한국어에는 없는 경우이다. 번역을 할 때보다 영작을 할 때 아주 어려움을 겪게 된다.
 그러니까 가정법 영어를 공부할 때는 되도록이면 많은 예제가 필요하다. 그래서 이 책을 공부할 때는 너무 이해하려고 하지 말고 여러 번 반복해서 읽는 것을 권유한다. 예문이 많아지면 자연스럽게 이해가 이루어질 것이다. 그리고 설명을 보면 이해가 되기 시작할 것이다.
 만일 그래도 이해가 부족하다면 또 완벽하게 가정법영어가 자기의 것으로 되지 않았다면 참고서를 자주 공부해서 이해하려고 하지 말고 영어원서를 많이 읽어서 어떤 상황에서 어떤 문장이 사용되는지를 보면 그땐 완벽한 이해가 될 것이다.
 번역이 완벽하게 되지 않는데 어떻게 읽을 수가 있냐고?
전체적인 문맥을 이해하면 번역이 안된 문장 간혹 모르는 단어가 나와도 번역을 할 수 있게 될 것이다. 여러분이 우리말로 된 책을 읽을 때도 마찬가지가 아닌가? 아마 모르는 한국어 단어가 나온다고 그때마다 우리말 사전을 찾지는 않을 것이다.

 이 책에서 보여주는 다양한 가정법 영어의 예문들은 영어가정법을 이해하는데 아주 큰 도움이 될 것을 확신한다. 전문적으로 가정법 영어를 다룬 책이 지금 시점에서 볼 때 거의 최초인 것 같아 더욱 보람이 있고 의미가 깊다. 이 책이 그 동안 영어를 공부하면서 어려웠던 가정법 영어부분을 확실히 하는데 큰 도움이 되기를 기대한다. 아주 복잡하고 혼란스러웠던 부분에 대해 분명 많은 정리가 될 것으로 생각한다.

　영어에는 존재하는데 한국어에 없는 부분을 표현하는데 다소 어색한 느낌을 받을 것이다. 너무 의역을 하면 영어 원래 문장의 짐작이 어렵고 너무 영어 원래의 느낌을 받도록 직역을 하면 한국어가 어색해서 그 중간점을 찾으려고 노력하였으며 그래도 부족하면 의역과 직역을 동시에 썼다. 가능하면 영어 직역을 해야 영어 본래의 사고방식을 이해하는데 도움이 되며 콩글리쉬가 아닌 잉글리쉬 영작을 구사하게 될 것이다.

저자 유현철, 유지연

영어 가정법의 모든 것

유현철, 유지연

목차

Chapter 1. 이 책으로 공부하는 방법　　13
  1.1 요구되는 수준은?　　17
  1.2 영어문장에 있어 5형식의 중요성　　21
  1.3 어떠한 순서로 공부할 것인가?　　25
  1.4 회화를 하기 위해서 필요한 것　　27
  1.5 책의 구성　　31

Chapter 2. will, shall, can, may　　33
  2.1 will, would　　35
  2.2 shall, should　　47
  2.3 can, could　　55
  2.4 may, might　　61
  2.5 must　　67

Chapter 3. if를 포함하는 단문장　　73
  3.1 if 현재형　　79
  3.2 if 과거형　　87
  3.3 if 과거완료형　　93
  3.4 if 미래형　　99

Chapter 4. if를 포함하는 복문장　　107
  4.1 if 가정문 과거형　　111
  4.2 if 가정문 과거완료형　　119
  4.3 if 가정문 현재형　　127
  4.4 if 가정문 미래　　139

Chapter 5. wish 가정문   145
   5.1 wish 단문장   149
   5.2 wish 복문장   151
     5.2.1 wish 다음 현재형이 오는 경우   151
     5.2.2 wish 다음 과거형이 오는 경우   153
     5.2.3 wish 다음 과거완료형이 오는 경우   158
     5.2.4 wish 다음 미래형이 오는 경우   160

Chapter 6. 그 밖의 가정법   161
   6.1 단문장으로 구성된 가정의 문장   163
     6.1.1 if only   163
     6.1.2 only if   165
     6.1.3 as if   166
     6.1.4 if any   167
     6.1.5 if ever   168
     6.1.6 if at all   169
     6.1.7 if anything   170
     6.1.8 without   170
     6.1.9 with   171
     6.1.10 but for   171
     6.1.11 to+원형동사   172
     6.1.12 I had to로 시작하는   173
   6.2 복문장으로 구성된 가정의 문장   175
     6.2.1 현재분사를 사용한 복문장   175
     6.2.2 과거분사를 사용한 복문장   176
     6.2.3 when 복문장   178
     6.2.4 현재, 과거를 함께 사용한 복문장   179
     6.2.5 as if 복문장   180

6.2.6 if only 복문장	181
6.2.7 only if 복문장	182
6.2.8 even if 복문장	182
6.2.9 even though 복문장	183
6.2.10 unless 복문장	183
6.2.11 once 복문장	184
6.2.12 what if 복문장	185
6.2.13 if what 복문장	187

부록 1. 복문장의 7가지 형태
부록 2. 동사의 16가지 시제

Chapter 1. 이 책으로 공부하는 방법

가정법 영어를 배우기 전에 우선 알아야 할 것이 있다. 가정법 영어는 크게 두 개의 문장으로 구분할 수 있다. 1 개의 문장으로 이루어진 단문장과 2 개 이상의 단문장으로 이루어진 복문장이다. 두 가지 모두 가정을 해서 말을 하는 것이지만 자세히 보면 1개의 문장은 가정의 조건에 해당하는 문장이고 나머지 문장은 가정의 결과에 대하여 말하는 문장이다.

그러므로 우선 공부해야 할 것은 가정을 해서 말하는 조건의 문장이고 그 결과에 대한 문장이 그 다음에 온다. 그 2개의 문장을 합하면 가정법 영어의 문장이 완성된다. 각각의 문장을 이해하지 못하고 번역이나 영작을 할 줄 모른다면 가정법의 문장은 어렵게 느껴지게 된다.

어떠한 공부든지 학습에 있어서 중요한 것은 학습의 순서이다. 영어로는 'courseware'라고 하는데 구구단을 모르는데 곱셈과 나눗셈을 배울 순 없는 것과 마찬가지이다. 이러한 공부의 순서를 미리 잘 정하지 않으면 다시 말해 순서를 바꾸거나 잘못된 순서로 공부를 하게 되면 이해가 힘들 뿐만 아니라 학습 효율이 떨어져 많은 시간을 투자하고도 제대로 알지 못하게 된다. 모든 공부가 그렇듯이 영어 공부도 왕도가 없다고 말할 순 있다. 하지만 잘못된 방법, 효율적이지 못한 방법으로 공부를 하면 많은 노력에 비해 그 결과가 신통치 않게 된다. 왕도가 없다는 말은 제대로 공부의 순서와 방법을 전제로 했을 때에만 해당한다.

여기서는 우선 가정의 조건에 해당하는 문장에 앞서 결과의 문장부터 공부하려고 한다. 순서로 볼 때는 가정의 조건에 해당하는 문장부터 공부하여야겠지만 결과의 문장이 훨씬 더 많이 익숙해져 있기 때문에 이 부분부터 정리하려고 하는 것이다. 또한 지금 먼저 시작하려고 부분이 미래형 문장인데 이 문장에 대한 이해가 가정법의 핵심이다. 이를 모르면 가정법 문장은 한 발짝도 나갈 수 없다. 이 부분이 취약하기 대문에 영어 가정법이 어렵다고 느끼는 것이다.

미래형 문장은 'will'이나 'shall'로 시작하는 문장이다. 미래형 문장도 엄밀하게 보면 가정을 해서 말하는 것이다. 미래에 닥쳐올 것이 진리가 아닌 이상 확실한 것은 아니기 때문이다. 물론 진리도 현재 우리가 살고 있는 이 시대의 이 공간의 문제일 뿐 완벽히 변하지 않는 진리라고 단언하기 어렵지만.

  일단 이 미래형 문장을 확실하게 해 두지 않으면 그 다음으로 나갈 수 없다. 특히 이 부분이 일반 영문법 책에서 확실하게 개념 정립을 해두지 않고 부족한 설명과 충분한 예제를 담고 있지 않아 학습자들이 가정법 영어를 제대로 익히지 못한 채 넘어가고 있다.

  이 문장이 어렵다고 느끼는 이유는 한국어와 1;1 대응이 되지 않고 그 시제가 우리와 다르기 때문이다. 그 차이를 완벽하게 이해하려면 영어로 된 책을 많이 읽어야 한다. 일단 여기서는 그 차이에 대한 필요한 기본적인 것을 먼저 소개하려고 한다.

  앞으로 가정법 영어를 공부할 때 다음의 단계를 먼저 잘 숙지하고 단계별로 차분하게 공부를 하기 바란다. 그리고 완벽하게 이해하려고 애쓰는 것보다 반복해서 읽기를 권장하고 싶다. 가정법 영어가 표현하는 근본적인 이해 그리고 구성, 가정법의 성격 등을 이해하려면 먼저 전체적인 개념을 가질 필요가 있다. 그러려면 꼼꼼하게 읽는 것보다 여러 번을 읽는 것이 훨씬 더 효과적이다. 전체를 알고 나면 부분을 이해하기가 더 용이하기 때문이다.

1.1 요구되는 수준은?

 영어를 처음 시작하거나 기초 수준이 겨우 된다고 생각하는 학습자에게는 이 책은 좀 어렵다. 최소한 영어의 8가지 시제는 확실히 알고 있어야 한다. 전체적으로는 16가지 시제가 있지만 가장 보편적으로 많이 사용되는 8가지 시제는 정확히 이해하고 있어야 한다. 나머지 8가지 중 4가지는 이 책에서 가끔 언급될 것이고 그에 따른 설명이 있을 것이다.

8가지 시제는 다음과 같다.

현재
현재진행
과거
과거진행
현재완료
과거완료
미래
미래진행

여기서 우리가 힘들어 하는 부분이 현재완료와 과거완료이다. 우리말에는 존재하지 않는 동사로 만들어진 표현이다. 우리말로 표현할 때는 형용사, 부사 등이 추가로 붙어서 완료의 의미로 완성된다. 한국어의 문법으로는 존재하지 않기 때문에 완료형을 설명하는 대응 단어가 없다.
 그래서 영어를 번역할 때는 설명으로 보완이 되는데 영작을 할 때는 우리말에 있는 현재나 과거의 시제만 갖고 영어로 바꾸어야 하기 때문에 자칫하면 단순하게 현재 혹은 과거의 영어 표현으로 될 가능성이 높다.
 완료형이 어려운 결정적 이유는 영어의 과거분사에 해당하는 부분이 우리말에 존재하지 않기 때문이다. 영어의 동사는 '현재, 과거, 현재분사, 과거분사' 이렇게 4가지가 있는데 우리말의 시제에는 과거분사가 존재하지 않는다. 완료형을 만들 때 과거분사가 사용되므로 완료의 시제에 대한 이해가 어려운 것이다.

또 한가지는 'be + 과거분사'의 형태이다. 이와 같은 형태도 우리말에 과거분사라는 동사가 없으므로 정확하게 이해하기 힘든 부분이다. 더구나 'be' 동사 역시 우리말에 해당하는 뚜렷한 말이 없다. '존재'에 가까운 말이다.

우리는 보통 이럴 때 과거분사를 형용사라고 배웠지만 이것은 엄밀히 형용사가 아니다. 어디까지나 동사의 종류 중 하나인 과거분사를 사용한 것이다. 이 부분을 정확하게 이해하지 못하므로 해석이 영어식이 아닌 한국식이 된다. 영어식으로 완벽하게 이해를 하고 우리말로 바꾸어야 맛깔스러운 번역이 되고 또한 영작을 할 때 정확하게 사용할 줄 알게 된다.

필자는 이 책에서 'be + 과거분사'를 하나의 동사의 개념으로 취급할 것이다. 왜냐하면 이렇게 하는 것이 우리말의 입장에서 볼 때 이해가 빠르고 일관성이 있으며 논리적이기 때문이다.

'be + 현재분사'는 진행형으로 이해하는데
'be + 과거분사'는 형용사로 인식하는 것은

일관성이 없고 논리적으로도 맞지를 않는다.
보통 문법책에서 'be + 과거분사'를 'be + 형용사'라고 하여 2형식으로 취급하는데 그렇다면 'be + 현재분사'도 2형식으로 취급하여야 논리적이지 않을까?

예를 들어
I go to school 현재형을
I am going to school 현재진행형으로 바꾸면

1형식이 2형식으로 바뀌었다고 설명하여야 하는가?
　시제를 바꾸었다고 형식을 바꾼다는 것은 비합리적이고 일관성이 없다. 그렇다고 하면 모든 'be'동사가 주어 다음에 나오는 문장은 무조건 2형식이라고 봐야 하는데 그것도 맞지 않는 개념이다. 이러한 모순과 문제 때문에 학교에서 혹은 영어책에서 영어의 가장 중요한 5형식을 제대로 가르치지 못하고 있지 않나 하는 의심이 든다.
　그래서 이 책을 공부하는 수준이 되려면 적어도 8가지 시제는 완벽히 이해하여야 함은 물론이고 5형식도 이해를 먼저 하고 시작할 것을 권유하고 싶다. 만일 5형식의 이해가 부족하면 필자의 저서 '영어의문문 12주에 끝내기', '단문장 영작의 모든 것', 혹은 '한국인(일본)인에게 맞는 영문법' 책을 읽으라고 권유한다. 아니면 다음 장에 나오는 5형식의 중요성을 읽는 것만으로 어느 정도 개념을 정립할 수 있을 것이다.

　이 책을 공부하기 위해서 필요한 것 중 하나가 어느 정도의 단문장 번역과 영작을 할 줄 알아야 한다. 설령 영작에 자신이 없더라도 번역은 할 수 있는 수준이어야 한다. 그래야 모든 각각의 문장을 이해하게 되고 여기에 나온 설명을 이해할 수 있을 것이다. 여기에 소개되는 문장들에 대하여 번역을 할 줄 모르고 번역된 문장을 이해하지 못한다면 사실 가정법 영어는 매우 어려운 부분이다.
　위에서 언급한 번역은 대략적인 번역이 아니라 완벽한 수준의 번역을 의미한다. 가정법은 가정을 해서 말하는 것이므로 완벽한 문장의 이해 없이는 헷갈리기 쉬운 부분이 많다. 인간의 머리로는 연속하여 5단계까지 가정하는 것이 한계라고 한다. 보통 일상생활에서는 연속적 가정은 3단계가 대부분이며 이 부분을 넘게 되면 머리의 연결고리가 끊어지기 때문에 이해가 무척 힘들다고 한다.

예를 들어 길을 물어볼 때 '무엇을 만나면 ~게 하라'는 말을 듣게 되는데 그 조건의 단계가 연속해서 3단계를 넘으면 기억을 못하고 머리가 헷갈리니까 일단 3단계까지 길을 간 다음에 다시 묻는 것이 더 편안한 것과 마찬가지이다.
 물론 바둑이나 장기처럼 훈련에 의해서 수를 내다보는 것이 가능하지만 어디까지나 바둑이나 장기에 국한되는 것이고 그 부분에 대해서만 특화된 가정의 고리일 뿐이다. 이런 가정의 단계 고리가 일상생활에 적용되는 것은 아니다. 그렇다면 바둑이나 장기의 고수들은 모든 학습에 있어서도 우월해야 하지만 그렇지 않다. 해당하는 부분만 발전 혹은 익숙해지는 것에 불과한 것이다.

1.2 영어 문장에 있어 5형식의 중요성

이 부분은 가장 중요한 영어 공부의 핵심이다. 왜냐하면 영어는 단어의 순서를 나열함으로써 문장이 완성되는 '순서의 언어'이기 때문이다. 모든 알파벳언어가 여기에 속하므로 알파벳언어권에 있는 사람들은 단어를 나열하는 순서가 비슷해서 다른 언어를 배울 때 이해가 빠르고 학습이 쉽다. 순서를 바꾸면 의미가 완전히 바뀌거나 아예 말이 안 되는 언어이다. 그러니까 미국사람들과 대화할 때 단어만 나열하면 알아들을 것이라는 것은 완전 착각에 불과하다. 가끔 단어만 나열해도 어느 정도는 의사 소통이 되고 심지어는 크게 문제가 없다고 주장하는 사람들이 있는데 그 상대방인 미국인이 얼마나 이해했는지 어떻게 알 수 있는가? 물론 아주 낮은 수준의 의사소통, 겨우 생존에 필요한 언어 정도의 의사소통은 되겠지만 그것만으로 의사 소통이 된다고 주장하는 것은 궁색하다.

반면에 조사가 있는 우리말이나 일본어는 순서의 언어가 아니고 조사의 언어이기 때문에 순서에 익숙하지 못하다. 우리말은 순서를 바꾸어 말해도 의사 소통에 아무런 문제가 없다. 딱히 순서가 정해져 있지도 않고 국문법에서 어순을 다루지도 않는다. 그래서 우리나라 사람과 일본사람들이 영어에 아주 약하다고 할 수 있다. 단어를 나열하는 순서를 잘 의식하지 못하기 때문이다.

영어문법책이나 대부분의 교재는 영어의 순서에 대한 언급이 너무나 부족하다. 왜냐하면 근본적으로 이러한 책들을 개발한 사람들이 영어권 국가의 사람들이고 그들은 정작 자기네 나라의 언어가 '순서의 언어'임을 잘 인식하지 못하기 때문이다. 심지어는 그 사람들과 이야기를 해 보면 전 세계의 언어는 순서가 비슷하다고 생각하고 있는데 한국어는 순서가 바뀌어도 의미의 완성과 전달에 아무 문제가 없다는 것에 대하여 매우 의아하게 생각한다.

영어의 문장을 만들 때 그 단어를 나열하는 최소한의 패턴이 바로 문장의 5형식이다.

주어 + 동사 ; P1
주어 + 동사 + 보어 ; P2
주어 + 동사 + 목적어 ; P3
주어 + 동사 + 목적어1 + 목적어2 ; P4
주어 + 동사 + 목적어 + 목적보어 ; P5

(* 보어 – 주어를 설명하는 말. 혹은 주격 보어라고도 함
 목적어1 – 간접목적어
 목적어2 – 직접목적어
 목적보어 – 목적어를 설명하는 말)

위의 예에서 보는 바와 같이 모든 문장은 '주어 + 동사'의 순으로 시작한다. 예외는 없다. 만일 주어의 앞에 어떤 단어가 있다면 주어를 강조하는 말이거나 문장 전체에 영향을 주는 의문대명사, 부사, 접속사 등이다. 이것들은 일단 문장을 완성하는데 반드시 있어야만 하는 절대적인 것은 아니다.

다만 예외는 2가지가 있는데 명령문의 경우 주어를 생략하기도 한다. 그리고 도치된 문장이 있는데 이 때 도치된 문장의 원칙은 반드시 '부사 + 동사 + 주어'의 순으로 되어 있어야 한다. 이러한 순서의 원칙을 어긋나면 문장의 의미가 제대로 완성될 수 없다.

왜냐하면 영어는 우리말과 달라서 한 단어가 여러 품사의 용도로 사용된다. 즉 명사, 동사, 형용사, 부사로 활용될 수 있다는 뜻이다. 위치에 따라 품사가 바뀐다는 말이다. 그러므로 품사를 모르면 영어 사전을 찾을 때 정확한 의미를 찾는데 시간이 걸린다. 잘못하면 엉뚱한 의미를 찾아서 사용할 수도 있다. 사전에서 어떤 의미를 찾아 적용할 지 모르기 때문에 품사를 모르면 영어 사전이 있어도 정확한 번역을 할 수 없다. 먼저 품사를 결정해야 한다.

위에서도 언급한 바와 같이 이러한 패턴을 정확하게 이해하려면

몇 가지 전제가 필요하다. 동사의 개념을 폭넓게 적용할 필요가 있다. 이 책에서는 그래서 동사의 개념을

'be + 분사(현재분사, 과거분사) + 전치사'

로 확장하였다. 흔히 이러한 경우를 '숙어'라고 공부한 기억이 있을 것이다. 숙어는 바로 동사를 의미한다.
 전치사는 '부사적으로 사용할 때'와 '동사를 돕는 용도'로 사용할 때 2가지로 구분될 수 있는데 '부사적 동사'는 전치사 본래의 의미로 해석이 가능하지만 '동사를 돕는 용도'로 동사와 함께 사용될 때는 그 의미 짐작이 매우 어렵다. 때로는 동사의 의미도 매우 다르게 바뀌는 경우도 흔하다. 우리가 동사를 공부할 때 어려워하는 이유도 '동사 + 전치사'를 어떤 의미로 자꾸 이해하려고 하기 때문이다. 이 경우 그냥 전체를 하나의 동사로 받아들이고 동사 자체로 익히는 것이 오히려 낫다. (전치사도 우리말에 없는 품사이기 때문에 이해가 무척 어렵다.)
 이 책에서 표시하는 모든 동사의 범위는 그래서 동사 자체 외에 'be동사'와 '전치사'를 포함하여 표시를 하였다. 부사적 전치사도 가능하면 폭 넓게 동사의 범위에 확장하여 포함한 것들이 많다. 대개 같은 의미로 사용된 동사와 전치사라면 같이 사용될 확률이 높기 때문이다. 한국어의 입장에서 이렇게 공부하는 편이 무엇보다 효율적이며 영작을 할 때도 적용하기 좋기 때문이다. 이 부분은 다른 영문법 책에서 언급한 부분과 매우 다르다. 혹시 독자 중에서 이 부분에 대하여 견해를 달리하여 필자와 토론을 요청하기 않기 바란다. 어디까지나 한국인의 입장에서 영어공부를 하기 위하여 이러한 개념을 적용한 것이지 영문법학자와 어떠한 것이 옳은지를 토론하기 위함이 아니기 때문이다.
 영어공부를 할 때 좋은 문장을 발견하고 기억해 두고 싶으면 우선 단어가 나열되어 있는 순서에 유념해야 한다. 영어는 문장을 구성하는 단어의 순서를 익히면 외우기도 좋고 다음에 활용하기도

좋다.
 그렇다면 5형식을 벗어나는 단어 나열의 순서는 무엇일까? 한마디로 정의하면 중요한 순이다. 상대방에게 의사를 전달하고자 하는 입장에서 볼 때 상대방이 중요하다고 여기는 순서이다. 대화의 상대가 어떠한 점을 더 궁금해 할 것이냐를 생각해 보면 그다지 어려운 것도 아니다. 그래서 영어는 문장의 뒤에서부터 단어를 생략해도 전체적인 의사 전달에는 크게 무리가 없다. 뒷부분에 있을 수록 문장에 결정적인 영향을 주는 내용이 덜하다는 뜻이다. 반대로 앞에서부터 중요한 순이기 때문에 영어 듣기 연습을 할 때 일단 앞에서부터 듣고 해석하는 연습을 하면 가장 중요한 부분은 이해할 수 있다. 이 것이 바로 영어라는 언어가 타 언어에 비해 쉽다고 할 수 있는 부분이다.
 반대로 우리말은 순서의 언어가 아니기 때문에 단어를 나열하는 일정한 패턴을 찾기 쉽지가 않다. 가만히 보면 우리말은 오히려 중요한 말을 맨 나중에 두는 경향이 강하다. 그래서 '우리말은 끝까지 들어봐야 한다'는 말이 나온 것 같다. 동시통역자들이 어려워하는 부분이다. 끝에서 동사가 나오거나 시제가 바뀌는 경우가 많기 때문이다.
예를 들어
 우리 오늘 시간 있으면 어디에 가서 차 한 잔 할까?

중요한 내용인 '차', '한 잔', '할까'가 전부 뒤에 있다. 아마도 속마음을 나중에 말하려는 심리가 있기 때문이 아닐까 여겨진다. 이 문장의 끝부분을 바꾸면 완전히 다른 의미로 바뀐다. 예를 들면.

'우리 오늘 시간 있으면 어디에 가서 차 한 잔 하면 좋을 텐데 아쉽네.'

이 문장은 '그랬으면 좋겠지만 그럴 수 없어서 미안하다'는 의미가 내포되어 있다.

1.3 어떠한 순서로 공부할 것인가?

어떤 공부를 하든지 학습의 순서는 너무나 중요하다. 순서를 어떻게 정하느냐에 따라 공부의 효율성에 절대적 차이가 나기 마련이다. 수학이나 물리, 화학과 같은 학문은 순서를 잘못 정하면 아예 진도를 나갈 수 없다. 사실 영어도 마찬가지이다. 만일 가장 기본이 되는 단어를 나열하는 방식인 5형식을 모르거나 8가지 동사의 시제를 모르면 더 이상 진도를 나갈 수 없다. 만일 여러분이 이를 모르는 상태로 지금 진도가 나간 상태라면 마치 모래 위에 집을 짓는 것처럼 뭔가 영어 공부를 많이 하긴 했는데 아직도 뭐가 뭔지 잘 모른다고 생각이 들 것이다.

가정법 영어를 공부할 때의 순서는 목차와 같다. 공부를 목적으로 하는 모든 책들의 목차는 학습하는 순서의 의미를 갖는다. 가르치는 선생님도 이 목차를 무시하고 왔다 갔다 하면서 가르칠 수는 없다. 그러므로 목차에 나와 있는 순서가 잘못되었다면 그 책은 공부의 효율성이 아주 떨어지는 비효율적인 방법이라 해도 과언이 아니다.

일반적으로 가정법 영어에서의 학습 순서는 먼저 우리가 흔히 사용하는 'if'로 시작하는 가정의 조건 문장을 먼저 배우고 이 가정의 조건에 대한 결과로 나타나는 문장을 배운다. 그렇지만 여기서는 반대로 결과의 문장을 먼저 배우고 그 다음으로 'if' 문장을 공부하려고 한다. 이미 앞에서 언급했지만 그 결과의 문장에 나오는 'will, would, shall, should, can, could, may, might'에 대한 이해가 더 중요하기 때문이다. 결과 문장을 먼저 배우고 그 다음 조건의 문장을 배운 후에 마지막으로 이 2 개의 문장을 연결해서 문장을 만드는 학습 방법이 더 효율적이며 이해가 훨씬 쉽다고 생각한다. 그 다음으로 'if'가 아닌 가정법 영어의 문장을 익히는 순으로 공부하는 것이 논리적으로 맞는 학습의 순서이다.

'if'로 시작하는 문장의 내용에서 가장 중요한 부분은 동사의 시제이다. 혹시 8가지 동사의 시제가 약한 독자는 이 가정법 영어를 공부하기 전에 필자가 저술한 '한국(일본)인에 맞는 영문법', 혹은 '영어의문문 12주에 끝내기', '단문장 영작의 모든 것' 중의 하나를 공부해서 확실하게 시제를 익히기 바란다.

 'if'로 시작하는 문장 다음에 오는 결과의 문장 역시 그 조건에 대한 결과를 가정해서 말한다. 그 문장의 대부분은 'will, shall, can, may' 혹은 이 조동사의 과거인 'would, should, could, might'로 시작한다. 이미 영어공부를 많이 하였다면 이 부분에 대해 충분히 이해하고 있겠지만 완벽하게 이해를 하지 못한 독자 혹은 다시 개념 정립을 하기 바라는 독자를 위해 충분하게 이 부분을 다시 설명하려고 한다.

 가정법 공부를 하다 잘 이해가 되지 않는다면 너무 심각하게 고민하지 말고 그냥 진도를 나가서 많은 예제를 접하기 바란다. 그리고 이 책을 서 너 번 반복해서 읽다 보면 분명히 개념을 얻게 될 것이다. 이해가 되지 않는다는 것은 설명에 대한 이해가 부족할 수도 있지만 충분한 예문을 머리 속에 넣고 있지 못하기 때문이다. 그래서 영어는 외우는 것보다 여러 번 읽는 것이 중요한 이유이다.

1.4 회화를 하기 위해서 필요한 것

 영어 회화는 크게 두 가지로 구분할 수 있다. 말하는 것과 듣는 것이다. 말하는 것은 영작을 빠르게 하는 것이라고 할 수 있다. 이제까지 영작을 배웠다면 이제 진짜 영어로 말을 하기 위해 필요한 것은 빨리 말하는 훈련이다. 외우는 방법처럼 좋은 것은 없지만 망각이 있기 때문에 기억을 유지시키는 노력이 끊임없이 요구된다. 결코 쉬운 일이 아니다. 그렇기 때문에 영어에는 왕도가 없다는 말이 나오고 독한 사람만 영어회화에 성공한다는 말이 있다. 외우는 방법은 망각하지 않도록 유지해야 하는 노력도 필요하므로 너무나 비효율적인 편이다. 외우는 양이 증가할 수록 유지해야 할 양도 증가하고 나중에는 감당이 안될 정도로 그 양이 늘어난다. 버거워지기 시작한다.
 이제까지 여러분들이 영작을 배웠다면 말하기를 위해 빠르게 영작하는 훈련이 필요하다면 이 책을 반복해서 읽던가 아니면 필자가 저술한 다른 영어책 읽기를 권한다. 특히 '생활국어 영어로 말하기'를 권한다. 영어를 읽는 훈련은 영어를 외우게 하는 것이 목적이 아니라 비슷한 패턴의 문장을 확실하게 각인시키고자 하는 게 목적이다. 그러므로 반복해서 읽는 것처럼 좋은 것은 없다. 최종 목적은 한글로 된 문장을 보고 5초 안에 영어로 말할 수 있다면 영어회화가 가능한 속도라고 볼 수 있다. 만일 기초가 약하다고 생각한다면 필자의 저서 '영어 기초를 위한 모든 문장들'을 읽기 바란다. 이 책은 5형식과 그 형식의 틀 안에서 8가지 시제를 중점적으로 다루고 있다. 반복해서 읽을 수 밖에 없도록 구성되어 있다.
 우리말의 또 하나의 특징은 우리말은 존칭어가 있다는 점이다. 같은 말이라도 존칭어로 영어를 익혔다가 비존칭어로 하면 생각이 잘 나지 않을 수가 있다. 그래서 우리가 연습하여야 할 것은 생활영어가 아니라 우리가 평소에 생활하면서 사용하는 존칭어, 비존칭어 가리지 않고 우리말을 영어로 표현하는 적응 훈련이 필요하다. 영어는 존칭어가 없기 때문이다.

　많은 사람들이 듣기 훈련을 위해 영어 방송을 청취하는 것을 볼 수 있다. 한가지 중요한 사실은 일단 번역의 수준을 끌어 올려서 청취가 가능한 영어 문장을 정확하게 번역할 수 있는 능력이 전제되어야 한다. 번역을 하지 못하는 문장이 귀에 들릴 리 만무하다. 그러니까 영어가 들린다는 것은 빠른 번역이라고 볼 수 있다. 순간적으로 듣고 번역하는 것이다.

　영작훈련을 통해 정확한 영작이 가능해진 상태에서 빠른 읽기 훈련을 통해 영어로 말하기가 가능하다면 듣기는 저절로 해결된다. 자기가 할 수 있는 말은 다 들리게 되어 있다. 단 할 수 있는 말이란 표현은 회화의 속도로 할 수 있어야 한다. 듣기가 빠른 번역이라고 하지만 순간적으로 듣고 이해를 할 정도의 속도라야지 들으면서 번역을 한다는 것은 말이 안 된다. 속도가 느리면 어떤 단어나 앞 부분을 번역하다 뒤에 나오는 말들을 놓치게 된다.

　이 것은 모국어도 마찬가지이다. 들으면서 동시에 이해하는 것이다. 영어로 말하는 속도가 회화의 속도와 같다면 분명히 듣기는 저절로 해결된다. 자기가 할 줄 아는 말은 들리게 되어 있다.

　그렇다고 해도 미국영화나 드라마 혹은 뉴스 같은 것이 쉽게 들리지 않는다고 생각하는 사람들이 있다면 그것은 책을 많이 읽지 않아서이다. 물론 지식층의 미국인 친구들이 많이 있어서 늘 대화를 나누고 지적 정보를 교환한다면 책을 읽지 않고도 영어의 수준을 높일 순 있지만 영어회화의 수준이 낮은 사람을 미국 사람들이 과연 대화의 상대로 해 줄 것인가를 생각해 봐야 한다.

　한국에서도 초등학교도 나오지 못하고 책을 거의 읽지 않은 사람이 TV에서 나오는 법정 드라마나 수준 높은 토론 프로그램을 이해할 수 있을까? 우리가 한국어를 잘하기 위해서 이제까지 한 노력은 무엇인가? 가만히 생각해 보면 그것은 크게 두 가지로 나눌 수 있다. 하나는 사람들과의 교류를 통해서 얻은 지식이고 또 하나는 책을 통해서 얻은 지식의 결과이다. 그러므로 여러분들이 영어회화를 유창하게 높은 지적 수준으로 하고 싶다면 책을 많이 읽어서 미국과 영국의 역사, 문화 등을 충분히 알고 익혀야 하는 것이다.

우리나라에서도 지적인 사람을 의미하는 것은 책을 많이 읽는 사람이다. 그러니까 영작훈련을 통해서 미국의 초등학교 1-2학년의 수준의 영어회화가 가능하게 된다면 이제부터 영어책 혹은 신문이나 기타 여러 종류의 **text**를 늘 읽고 살아야 한다. 우리말도 그렇게 하지 않았는가?

사실 10살 정도의 아이가 구사하는 언어 능력이라면 구조적으로는 더 이상 배울 것이 없다. 이 것은 영어나 우리나라 말, 아니면 전 세계의 어느 언어도 마찬가지이다. 문장의 구조로 보았을 때 10살 어린이 정도가 구사하는 수준 이상의 구조는 별로 없다고 생각한다. 다만 어휘력이나 표현력이 풍부해 지는 것이고 지식이 풍부해 지는 것이다.

그러므로 여러분들이 진정 영어를 잘하고 싶다면 우선적으로 모든 종류의 영어 문장을 만들 수 있고 말할 수 있으며 번역하고 들을 수 있는 수준까지 끌어 올린 다음에는 책을 읽기 시작하여야 한다. 필자도 영어를 가르칠 때 이 정도 수준에 오른 사람들에게는 스스로 좋아하는 수준에 맞는 영어책을 선택하게 한 다음 그 책으로 공부를 하게 한다. 이 때부터는 필자에게 배우는 사람마다 공부하는 책이 다르게 된다. 필자가 가르쳐 주고 싶은 것은 스스로 책을 읽고 재미를 느끼게 하려는 것이다. 책이 재미있거나 유익하거나 둘 중 하나를 느끼기 시작한다면 그 다음부터는 혼자서도 충분히 영어책을 읽고 공부를 할 수 있게 될 것이다.

1.5 책의 구성

이 책은 크게 5단원으로 구성되어 있다. 어떤 조건에 대한 결과의 문장을 가정해서 말하는 단원, 그 다음 'if'로 말하는 조건을 가정하여 말하는 문장 3번째 문장은 이 두 단원에서 배운 것을 기초로 하여 2개의 문장을 연결하여 하나의 문장으로 만드는 단원이다.

그 다음 가정법 영어의 또 하나의 형태인 'wish' 동사를 사용하는 단원, 그리고 마지막으로 위에서 소개하지 않은 방법으로 표현하는 가정법 영어의 단원으로 구성되어 있다.

각 단원마다 시작할 때 충분하게 설명을 하긴 하였지만 가정에 또 가정을 더 해서 하는 설명이 때로는 복잡하고 선뜻 이해가 안될 수도 있다. 그러므로 가능하면 많은 예문을 넣어서 직접 사례를 통해 이해하도록 하였다. 우리가 필요한 것은 어쩌면 어떤 상황에서 어떻게 표현되는 가이다. 하나의 단어에 대한 근본적인 이해를 하는 것보다 그 단어가 어떤 상황에서 문장으로 사용되었는지 알고 익히는 것이 중요하고 나아가서는 비슷한 상황에서 사용할 수 있으면 된다.

학습자가 예제의 문장을 보고 변형을 해서 문장을 만들 수 있다면 이는 완벽하게 문장을 이해한 것이다. 그렇지만 예제의 문장을 보고 조금이라도 변형을 해서 문장을 만들지 못하거나 번역을 하지 못한다면 이해가 덜 되었다고 봐야 한다. 변형의 범위가 물론 주어, 목적어, 동사를 대체할 수 있느냐 혹은 동사의 시제까지도 완벽하게 변형을 할 수 있느냐에 따라 이해의 정도가 다를 수 있다. 영어 학습자 최후의 목표는 예제의 문장 구조를 보고 주어, 동사, 목적어, 보어, 동사의 시제 등을 자유롭게 바꾸고 응용하는 단계에 이르러야 한다. 그 많은 영어 문장을 외울 수는 없다. 우리에게 필요한 것은 영어의 구조를 알고 해당하는 구조로 즉 영어의 순서로 단어를 나열하는 매캐니즘을 알고 이해하는 것이며 빠른 속도로 번역하고 영작하는 것이 영어 학습의 목표이다.

그러므로 각 단원에 들어있는 예제는 5형식을 이해하기 좋게 하기 위해 각 5형식에 해당하는 단어의 밑에 밑줄을 넣었다. 그리고 문장마다 약어로 'P#'로 형식을 표시하였다.
예를 들면

    P1 ; 1형식
    P2 ; 2형식
    P3 ; 3형식
    P4 ; 4형식
    P5 ; 5형식

이다. 영어 단어를 나열하는 최소한의 순서 규칙이므로 반드시 익숙하여야 한다.
 각 예문에 추가 설명이 필요한 경우 '(~)' 안에 작은 글씨로 보충 설명을 달았다. 이 부분을 통해 각 단원 시작에서 열거한 설명의 부족한 부분을 채울 수 있을 것이다.
 그리고 이동통신의 발전으로 모바일 환경에서 영어공부를 하는 사람들이 늘고 있어서 이동 중에 쉽게 볼 수 있도록 비교적 작은 책으로 제작하였다. 휴대하고 다닐 수 있어 수시로 읽고 필요할 때 꺼내서 참고하기에 좋을 것이다.

Chapter 2. will, shall, can, may

2.1 will, would

'will 조동사'가 동사 앞에 있으면 미래형 문장이다. 엄밀히 말하면 미래형 문장도 넓은 의미의 가정의 문장이다. 미래에 대하여 말하지만 그것은 현재의 시점에서 가정해서 말할 뿐이지 확정된 미래라고 할 수는 없다.
'would'는 'will'의 과거이다. 즉 과거의 시점에서 미래를 말하는 것으로 이미 그 일은 현재의 시점에서 보면 역시 지나온 과거가 된다. 이렇게 말하는 것은 현재의 시점에서 보면 실현되지 않은 채 지나간 일이다. 만일 실현되었다면 그냥 단순 과거일 뿐이지 과거에서 미래형으로 말하지 않는다. 아래의 예문으로 보면 훨씬 이해가 쉬울 것이다.
will, would 문장도 평서문과 마찬가지로 'have + 과거분사'의 완료형을 사용할 수 있다. 현재완료의 형태가 미래 혹은 가정법 과거로 바뀐 형태가 된다. 어떤 상태가 지속되는 상황을 설명한다. 우리말 동사에는 과거분사나 현재완료, 과거완료가 없는 시제이기 때문에 이해하기가 힘들다. 많은 문장을 읽으면서 어떤 상황에서 사용되는지를 보면 이해가 쉬워진다.

1) 1형식(P1) 예문

<u>I</u> <u>will be</u> there.
s   v
직역-> 내가 거기에 있게 될 거야.
의역-> 내가 그리로 갈 거에요.
<u>I</u> <u>would be</u> there.
거기에 있었을 거에요.

<u>I</u> <u>will have been</u> there.
s   v
내가 거기에 쭉 있게 될 겁니다.

I would have been there.
내가 거기에 쭉 있었을 것입니다.

(* 'will + have + 과거분사'를 문법적으로 '미래완료형'이라고 한다. 동사의 과거분사는 현재분사의 상태 즉 동작중인 상태가 꽤 오래 지속된 상태를 의미하지 과거분사 자체가 과거는 아니다. 위의 예에서 'be'동사의 과거분사는 'been'이다. 'be'동사의 의미는 '존재하다'는 뜻으로 과거분사 'been'은 쭉 존재의 상태가 지속되고 있음을 의미한다.)

I will be going there at this time tomorrow.
 s   v
내가 내일 이 맘 때는 그리로 가고 있는 중일 거에요.
I would be going there at this time yesterday.
내가 어제 이 맘 때는 그리로 가고 있었을 거에요.

(* 위와 같이 진행형이 미래에서 사용되고 있는 경우를 문법적으로 '미래진행형'이라고 한다.)

I will have been walking to Seoul.
 s   v
직역->나는 서울을 향해 걷는 것을 계속 할 것입니다.
의역->나는 주야장창 서울을 향해 걷고 있을 겁니다.
I would have been walking to Seoul at that time.
나는 그 당시 주야장창 서울을 향해 걷고 있었을 겁니다.

(* 이 문장은

I am walking to Seoul.

에서 'be'를 완료형으로 바꾸어 'have been'으로 만들고 다시 앞에 'will'을 붙여 미래로 만든 것이다. '미래완료진행'이라 하며 'would'를 붙이면 '가정법과거완료진행'이라고 한다. 직역하면 화장실도 안

가고 밥도 먹지 않고 진행형 상태인 오로지 걷는 것만을 계속한다는 뜻으로 아주 심하게 강조하거나 과장할 때 사용하는 표현이다. 그리 흔한 표현은 아니다. 자주 하거나 무리해서 표현하면 문장이 매끄럽지 않고 세련되지 못한 표현이 되므로 그다지 자주 사용할만한 표현은 아니다.)

<u>The world economy</u> <u>will collapse</u>.
　　　S　　　　　　　　V
세계 경제는 붕괴될 것입니다.
<u>The world economy</u> <u>would collapse</u>.
세계 경제는 붕괴되었을 것입니다.

<u>The world economy</u> <u>will be collapsing</u>.
　　　S　　　　　　　　V
세계 경제가 붕괴되고 있는 중일 것입니다.
<u>The world economy</u> <u>would be collapsing</u>.
세계 경제가 붕괴되고 있는 중이었을 것입니다.

<u>The world economy</u> <u>will have collapsed</u>.
　　　S　　　　　　　　V
세계 경제는 붕괴의 상태로 될 것입니다.
<u>The world economy</u> <u>would have collapsed</u>.
세계 경제는 붕괴의 상태가 되었을 것입니다.

<u>The world economy</u> <u>will have been</u> <u>collapsing</u>.
정말 세계 경제는 확실하게 붕괴된 상태로 될 것입니다.
<u>The world economy</u> would <u>have been</u> <u>collapsing</u>.
정말 세계 경제는 확실하게 붕괴된 상태로 진행 중인 상태였을 겁니다.

2) 2형식(P2) 예문

It *will be* *helpful*.
s　v　　　c
도움이 될 거에요.
It *would be* *helpful*.
도움이 되었을 거에요.

It *will be being* *helpful*.
s　　v　　　　　c
도움이 되고 있는 중일 거에요.
(확실하게 도움이 되고 있을 거에요.)
It *would be being* *helpful*.
확실하게 도움이 되고 있었을 거에요.

It *will have been* *helpful*.
s　　v　　　　　c
한동안 도움이 될 것입니다.
It *would have been* *helpful*.
한동안 도움이 되었을 것입니다.

We *will probably never be* *able* to afford our home.
s　　　　　v　　　　　　　c
우리는 결코 우리 집을 장만할 여유가 있을 수 없을 것입니다.
We *would probably never be* *able* to afford our present home.
우리는 결코 현재의 우리 집을 장만할 여유를 가질 수 없었을 것입니다.

We *will probably never have been* *able* to afford our
s　　　　　　v　　　　　　　　　c

home.
우리는 결코 우리 집을 장만할 여유가 되지 않은 상태일 수 밖에 없을 것입니다.

(* 과거의 어떤 시점에서 발생한 일로 인해 현재의 상태가 되었으므로 'our present home'이라는 표현이 가능하지만 미래형에서는 현재를 뜻하는 'present'를 사용할 수 없다.)

The things *will be* *different*.
　　　s　　　　v　　　c
여러 가지로 달라질 것입니다.
The things *would be* *different*.
여러 가지로 달라졌을 것입니다.

The things *will be being* *different*.
　　　s　　　　　v　　　　c
여러 가지로 달라지고 있는 중일 것입니다.
The things *would be being* *different*.
여러 가지로 달라지고 있는 중이었을 겁니다.

The things *will have been* *different*.
　　　s　　　　　v　　　　c
여러 가지로 달라진 상태가 될 것입니다.
The things *would have been* *different*.
여러 가지로 달라진 상태가 되었을 것입니다.

3) 3형식(P3) 예문

<u>*I*</u> <u>*will eat*</u> <u>*a tomato*</u> every morning.
s   v   o
나는 매일 아침 토마토를 먹으려고 해요.
<u>*I*</u> <u>*would eat*</u> <u>*a tomato*</u> every morning.
나는 매일 아침 토마토를 먹었을 거야.

<u>*I*</u> <u>*will be eating*</u> <u>*a tomato*</u> there at that time.
s   v   o
나는 그 시간에 거기에서 토마토를 먹고 있을 거에요.
<u>*I*</u> <u>*would be eating*</u> <u>*a tomato*</u> there at that time.
나는 그 시간에 거기에서 토마토를 먹고 있었을 거에요.

<u>*I*</u> <u>*will have eaten*</u> <u>*a tomato*</u> before every breakfast from
s   v   o
next week.
나는 다음 주부터 매일 아침 식사 전에 토마토를 쭉 먹을 겁니다.

<u>*I*</u> <u>*would have eaten*</u> <u>*a tomato*</u> every day.
나는 매일 토마토를 쭉 먹었을 거에요.

<u>*I*</u> <u>*will buy*</u> <u>*it*</u>.
s   v   o
난 그것을 살 거에요.
<u>*I*</u> <u>*would buy*</u> <u>*it*</u>.
나는 그것을 샀을 거에요.

<u>*I*</u> <u>*will be buying*</u> <u>*it*</u>.
s   v   o
나는 그것을 사고 있는 중일 거에요.

I would be buying it there.
나는 거기서 그것을 사고 있었을 거에요.
I will have bought it already.
 s   v   o
나는 그것을 이미 구매한 상태가 될 것입니다.
I would have bought it already.
나는 그것을 이미 구매한 상태였을 것입니다.

I will not do that.
s   v   o
나는 그렇게 하지 않을 것입니다.
I would not do that.
나는 그렇게 하지 않았을 것입니다.

I will not be doing like *that*.
s   v   o
나는 그런 것을 하고 있지는 않을 겁니다.
I would not be doing like *that*.
나는 그런 것을 하고 있지는 않았을 겁니다.

I will not have done that.
s   v   o
나는 그렇게 하지 않은 상태로 있을 것입니다.
I would not have done that.
나는 그렇게 하지 않은 상태로 있었을 것입니다.

(* 부정의 문장으로 만드는 'not'은 원래 강조하고자 하는 동사의 앞에 위치한다. 그러나 'be' 동사 앞에 'not'을 위치하지는 않는다. 존재 자체를 부정할 수는 없기 때문이다. 그러나 will과 같이 사용되는 'be'가 있을 때 부정은 관습적으로 다른 일반 동사처럼 'will not be'로 사용한다.)

I will wear flat shoes.
s   v   o
낮은 신발을 신을 거에요.
I would wear flat shoes.
낮은 신발을 신었을 거에요.

I will be wearing flat shoes.
s   v   o
낮은 신발을 신고 있을 거에요.
I would be wearing flat shoes.
낮은 신발을 신고 있었을 거에요.

I will have worn flat shoes.
s   v   o
낮은 신발을 신고 있게 될 것입니다.
I would have worn flat shoes.
낮은 신발을 신고 있는 상태였을 거에요.

(* 'be + 현재분사'가 미래형 시제에서 사용하면 '미래진행형'이라고 한다. 'would + be + 현재분사'는 과거에서 사용하였으므로 '가정법 과거진행형'이고 한다. 'wear'는 입고 있는 상태를 의미하는 동사로 이러한 것을 '상태동사'라고 한다. 'like, love, want, live' 등의 상태동사는 진행형을 사용하지 않는다. 상태 자체가 진행상태이기 때문이다. 하지만 강조하기 위해 가끔 사용하기도 한다.)

I will like to drink something.
s   v   o
나는 뭔가를 마시고 싶어질 거에요.
I would like to drink something.
나는 뭔가를 마시고 싶어졌을 거에요.

(* 'I would like something to drink.'는 '나는 마실 뭔가를 좋아했을 거에요'라는 의미가

되므로 위의 문장과 내용은 같지만 약간 다른 표현이 된다. 둘 다 사용할 수 있다.)

(* 뒤의 문장은 흔히 회화에서 많이 사용하는 문장으로 실제는 위와 같이 과거형 문장이다. 그러나 마치 과거에 그랬을 것이라는 식으로 표현함으로써 완곡한 자신의 의사를 나타낸 것이다. 이렇게 영어에서 표현을 하면 점잖은 표현 즉 매너 있는 표현이 된다. 그러므로 비록 과거형이지만 예절의 표현을 종종 이렇게 'would'를 사용한다. 그러므로 많은 영어를 공부하면서 습관적으로 'would'를 현재형에서 사용하는 데 잘못하면 과거의 표현이 되므로 정중한 표현을 위해서 한 것인지 혹은 정말 과거에 있었던 일을 가정해서 말하는 것인지 잘 구분하여 사용하여야 한다. 감정적 내용이 담긴 표현의 경우가 대개 이처럼 마치 과거의 일인 것처럼 표현함으로써 부드러운 느낌이 든다고 볼 수 있다.)

2개의 문장으로 구성

<u>I will know</u> <u>I will be in the wrong place</u>.
s　　v　　　　　o
내가 잘못된 곳에 있게 될 거라는 것을 알게 될 거야.
<u>I would know</u> <u>I was in the wrong place</u>.
내가 잘못된 곳에 있었다는 것을 알았을 거에요.

(* 'know'의 목적어로 문장이 온 것이며 'know'의 시제가 과거이므로 당연히 그것을 아는 목적의 문장 내용도 과거이다. 그렇지만 진리나 자연의 현상 등은 앞의 문장 시제에 불문하고 그냥 현재형으로 표현한다.)

<u>I will know</u> <u>I will be going to the wrong place.</u>
s　　v　　　　　　o
나는 잘못된 곳으로 가고 있을 거라는 것을 알게 될 것입니다.

I would know I would be going to the wrong place.
나는 잘못된 곳으로 가고 있었다는 것을 알았을 거에요.

(* 'know'의 목적어가 단어가 온 것이 아니라 문장이 온 것이다. 이러한 경우를 목적어에 문장이 위치한다고 하여 '목적절'이라고 한다. 원래는 목적어 자리에 'that'을 먼저 위치하고 그 다음에 문장이 와야 하지만 이러한 경우 종종 'that'을 생략한다.)

I think it will be helpful.
s v o
나는 이게 도움이 될 거라고 생각합니다.
I think it would be helpful.
나는 이게 도움이 되었을 거라고 생각합니다.

I think *it will be being helpful* for you someday in the
s v c
future.
나는 미래의 언젠가 너한테 도움이 되고 있을 거라고 생각해.

(* 목적절에만 주어, 동사, 보어에 표시를 하였음)

I think *it would be being helpful* for you someday in the
s v c
past.
나는 지난날 어느 때인가 너에게 도움이 되고 있었을 거라고 생각해.

(* 생각하는 시점은 현재이기 때문에 현재형을 사용한 것이며 목적절은 그 당시의 상황을 설명하는 것이므로 해당 시제를 사용한 것이다. 이처럼 시제는 상황에 맞도록 일치하는 것이지 무조건 동일하게 일치하는 것이 아니다.)

4) 4형식(P4) 예문

I will buy her a coffee every morning.
s   v   o1   o2
그녀에게 커피를 매일 아침마다 사줄 거에요.
I would buy her a coffee every morning.
그녀에게 커피를 매일 아침마다 사주었을 거에요.

I will be buying her a coffee at that time.
s   v   o1   o2
나는 그때 그 여자에게 커피를 한잔 사주고 있을 거에요.
I would be buying her a coffee at that time.
나는 그때 그 여자에게 커피를 한잔 사주고 있었을 거에요.

I will have bought her a coffee every morning.
s   v   o1   o2
그녀에게 매일 아침마다 커피를 계속 사줄 거야.
I would have bought her a coffee every morning.
그녀에게 한 때 아침마다 커피를 사주었을 거야.

5형식(P5) 예문

My wife *will let* *me* *do* dishes tonight.
   S   V   O C
아내가 나에게 오늘 밤 설거지를 시킬 겁니다.
My wife *would let* *me* *do* dishes then.
아내가 그때 나에게 설거지를 시켰을 겁니다.

My wife *will be letting* *me* *do* dishes then.
   S   V   O C
아내가 그 때 나에게 설거지를 시키고 있는 중일 겁니다.
My wife *would be letting* *me* *do* dishes.
아내가 나에게 설거지를 시키고 있는 중이었을 겁니다.

My wife *will have let* *me* *do* dishes everyday.
   S   V   O C
아내가 나에게 한동안 매일 설거지를 시킬 겁니다.
My wife *would have let* *me* *do* dishes every day.
아내가 한동안 나에게 매일 설거지를 시키고 있었을 것입니다.

2.2 shall, should

 영어의 표현에서 미래는 우리말과 중요한 차이가 있는데 우리는 미래를 의미하는 동사의 종류는 한 가지이지만 영어는 'will' 미래와 'shall' 미래 두 가지가 있다. 'will' 미래는 위에서 소개한 바와 같이 자기의 의지대로 자기 마음대로 되는 미래이고 'shall'은 자기의 의지와 상관없이 강제적으로 다가오는 미래이다. 이렇게 두 종류의 미래를 구별해서 사용해야 한다.
 예를 들면 '태양이 뜬다'와 같은 자연현상이나 자기의 의지와 상관없이 결정된 '결혼'같은 미래에 대하여는 'shall'을 사용한다.

The sun shall rise tomorrow also.
내일도 역시 태양이 뜰 것이다.
I shall marry him soon.
나는 그 사람과 곧 결혼해야만 해요.
You shall drink a glass of water.
너는 물을 한 잔 마셔야만 해.
(너한테 물을 한 잔 먹이고 말 거야)

 위의 예에서 보듯 자기의 의지와 상관없이 다가오는 미래에 사용됨을 알 수 있다. 영문법에서 의지미래, 단순미래로 구분하고 주어에 따라 will, shall 사용하는 법을 본 적이 있을 것이다.
 하지만 미국영어에서는 많은 이민자들의 영향을 받아서인지 이러한 구분이 점점 사라져 가고 있다. 회화나 영작에서는 'will'을 위주로 사용해도 크게 문제가 없지만 영국 책도 읽어야 하고 과거 미국이나 영국에서 쓰여진 글들도 읽어야 하므로 알아두면 좋다.
 'should'는 'shall'의 과거형인데 이 should는 또 의외로 아주 많이 사용된다. 우리말로는 '~해야만 한다' 정도로 해석할 수 있는데 마치 'must'와 같은 의미로 보이지만 영어에서는 상당히 거리감이 있는 다른 표현이다.

'must'는 아주 강한 최상의 강력한 표현이다. 그러나 'should'는 그렇게 강제적이지 않고 권유에 가깝다. 오히려 'shall'이 'must'에 가깝다고 볼 수 있다. 그럼에도 구태여 'shall'의 과거형인 'should'를 사용하는 이유는 마치 지나버린 과거의 일처럼 이야기함으로써 완곡한 표현이 된다. 영어에서는 'should'가 'shall'이나 'must'보다 점잖고 완곡한 예절 있는 표현으로 주로 사용된다. 직역을 하면 '~ 했으면 합니다' 정도라고 볼 수 있다.

이 점에 있어서는 위의 단원에서 'would' 표현을 사용한 것과 마찬가지이다. 'could', 'might'도 같은 사용의 경우라고 할 수 있다. 분명히 과거이지만 현재의 시점에서 사용함으로써 완곡한 표현이 되는 것이다. 가만히 생각해보면 우리말도 이렇게 이미 지나버린 일을 현재의 경우처럼 사용하면서 부드럽게 표현하는 경우의 예를 많이 볼 수 있다.

may < would < should < ought to < have to < must

위의 순으로 약에서 강한 순이다. 'ought to'는 회화에서는 그리 많이 사용되는 것은 아니고 주로 계약이나 서류 등에서 사용되는 표현이다. 그러니까 'must'는 너무 강한 표현이므로 상대방에게 명령하거나 야단치는 느낌을 줄 지도 모르기 때문에 사용을 가급적 하지 않는 것이 좋다. 상대가 심한 압박감이나 불쾌감을 느낄 수도 있다.

예문)

1) 1형식 (p1)

<u>I</u> <u>*shall go*</u> there tomorrow.
s   v
나는 내일 거기 가야만 해.
<u>I</u> <u>*should go*</u> there yesterday.
난 어제 거기에 가야만 했어.

2) 2형식 (P2)

<u>You</u> <u>*shall be*</u> <u>*free*</u> tomorrow.
 s   v   c
넌 내일 자유가 될 거야.
(내가 널 내일 자유롭게 해줄게.)
<u>You</u> <u>*should be*</u> <u>*free*</u> tomorrow.
직역-> 너는 내일 자유가 되어야만 했어.
의역-> 너는 내일 자유롭게 되는 게 좋겠어.

(* 직역의 내용은 내일이 미래인데 과거처럼 말하면 사실 말이 되지 않는다. 이렇게 완전히 과거가 아님에도 'should'를 사용하면 완곡한 표현이 된다. 위의 예에서 볼 수 있듯이 우리말도 마치 과거의 일처럼 '~겠어'라는 표현을 사용한다.)

<u>You</u> <u>*shall have been*</u> <u>*free*</u>.
 s   v   c
너는 자유로운 상태가 될 거야.
(내가 널 자유로운 상태로 만들어 줄께.)

You should have been free.
너는 한동안 자유롭게 지내는 편이 좋겠어.

I shall be happy.
S   V   C
난 행복해야만 해. (정말 행복해 질 거야)
I should be happy.
난 행복해져야 해. (행복해 질 수 있어)

I shall have been happy.
S   V   C
나는 행복한 상태가 되어야만 합니다.
I should have been happy.
내가 행복한 상태가 되는 게 좋겠어.

3) 3형식 (P3)

<u>You</u> <u>shall eat</u> <u>an apple</u> every day.
  S   V   O
너는 사과 1개를 매일 먹어야만 해.
(너한테 사과 1개를 매일 먹일 거야)
<u>You</u> <u>should eat</u> <u>an apple</u> every day.
넌 사과를 매일 1개씩 먹는 게 좋겠어.

<u>You</u> <u>shall be eating</u> <u>an apple</u> tomorrow.
  S   V   O
넌 내일 사과를 먹고 있게 될 거야.
<u>You</u> <u>should be eating</u> <u>an apple</u> then.
넌 그때 사과를 먹고 있었어야 했어.

<u>You</u> <u>shall have eaten</u> <u>an apple</u> every day.
  S   V   O
넌 사과 1개를 매일 쭉 먹고 있어야만 해.
(너한테 사과 1개를 매일마다 먹일 거야.)
<u>You</u> <u>should have eaten</u> <u>an apple</u> every day.
당신은 매일 사과 1개씩을 먹은 상태라야만 합니다.

<u>You</u> <u>shall have been eating</u> <u>dumplings</u> for every meal
  S   V   O
every day.
넌 허구한날 오로지 만두만 매끼마다 매일 먹게 될 거야.
<u>You</u> <u>should have been eating</u> <u>dumplings</u> for every meal
every day.
넌 허구한날 오로지 만두만 매끼마다 매일 먹었어야 했어.
(너한테 허구한날 오로지 만두만 매끼마다 매일 먹이는 게 좋겠어.)

(* 영화 '올드보이'에서 최민식이 오로지 만두만 매일같이 매끼마다 먹었던 상황을 이렇게 가정법과거완료진행형으로 표현할 수 있다.)

4) 4형식 (P4)

He *shall ask* *me* *to marry* very soon.
　s　　　v　　　o1　　o2
그가 나에게 곧 청혼하게 하고 말 거야.
He *should ask* *me* *to marry* very soon.
그가 나에게 곧 청혼을 해야만 해요.

He *shall be asking* *me* *to marry*.
　S　　　v　　　　o1　　o2
그는 나에게 결혼할 것을 요구하고 있어야만 합니다.
He *should be asking* *me* *to marry*.
그는 나에게 결혼을 요구하고 있는 중이었어야 했습니다.

He *shall have asked* *me* *to marry* very soon.
　s　　　v　　　　　o1　　o2
그는 나에게 곧 청혼을 한 상태가 되어야만 합니다.
He *should have asked* *me* *to marry*.
그는 나에게 청혼할 상태가 되어야만 했습니다.

5) 5형식 (P5)

<u>I</u> <u>shall make</u> <u>her</u> <u>laugh</u>.
s   v   o   c
나는 그녀를 웃겨야만 해요.
<u>I</u> <u>should make</u> <u>her</u> <u>laugh</u>.
내가 그녀를 웃게 만드는 게 좋겠어.

<u>I</u> <u>shall be making</u> <u>her</u> <u>laugh</u>.
s   v   o   c
난 그녀를 꼭 웃고 있는 상태로 만들고야 말겠습니다.
<u>I</u> <u>should be making</u> <u>her</u> <u>laugh</u>.
난 그녀를 항상 웃고 있는 상태로 만들어야만 했어요.

<u>I</u> <u>shall have made</u> <u>her</u> <u>laugh</u>.
s   v   o   c
난 그녀를 웃겨야만 합니다.
<u>I</u> <u>should have made</u> <u>her</u> <u>laugh</u>.
나는 그녀를 웃길 수 있는 상태로 만드는 게 좋아요.)

(* 'make'가 사역동사 이므로 뒤에 오는 'to laugh'에서 'to'를 생략했다.)

<u>I</u> <u>shall have been making</u> <u>her</u> <u>happy</u>.
s   v   o   c
난 그녀가 정말 오로지 행복하게만 해야 합니다.
<u>You</u> <u>should have been making</u> <u>me</u> <u>happy</u>.
네가 정말이지 오로지 항상 나를 행복하도록 꼭 만들어야 했어.

2.3 can, could

'can'이 조동사로 사용될 때는 동사 앞에 위치하면서 동사의 의미를 '~할 수 있다'로 확장되는데 사용된다. 내용상으로 보면 가정해서 말하는 것이라고 하기엔 상당한 자신감의 표현일 수도 있고 실제 할 수 있기 때문일 수도 있다. 그러나 'can'의 과거인 'could'는 지난 일에 대한 후회의 의미가 되므로 완전히 가정해서 말하는 것이다. '~할 수 있었어' 의 뜻인데 과거에 할 수 있었음에도 하지 못했다는 의미를 내포한다.
'could'도 'would'나 'should'와 마찬가지로 시제는 엄연한 과거이지만 현재의 시점에서 사용할 때는 부드러운 표현이 된다. '~할 수 있었겠지요?'라고 의문문 형태를 하게 되는 것은 과거에 할 수 있었음에도 아쉬움이 남아 물어보는 의문문일 수도 있지만 과거에 한 적이 없음에도 이렇게 물어본다면 그것은 지금이라도 '~할 수 있겠습니까?'라는 현재형의 표현이 된다. 'would'와 비슷하게 상대방에게 동의를 구하거나 '~해 달라'고 부탁할 때 사용한다.

예문)

1) 1형식 (P1)
<u>I</u> <u>can walk</u> in the park tonight with you.
S   V
난 오늘밤 너와 함께 공원에서 산책할 수 있어.
<u>I</u> <u>could walk</u> in the park last night with you.
난 어제 밤 너와 함께 공원을 산책할 수 있었어.

<u>I</u> <u>will be</u> <u>able</u> to walk in the park with you.
S   V   C
나는 너와 함께 공원을 산책할 수 있게 될 거야.

I would be able to walk in the park with you.
나는 너와 함께 공원을 선택할 수 있었을 거야.

(* 'can'의 미래형은 사용하지 않는다. 'will can'이렇게 조동사가 겹치는 것이 부담스러웠으리라. 대신 'be able to'로 사용한다. 'can' 본래의 의미도 가정해서 말하는 것이라고 볼 수 있다. 그런데
I will be able to walk.
는 '주어+동사+보어'인 2형식이다. 이렇게 'can'을 'be able to'로 바꾸어 미래형으로 사용하면 1형식이 2형식으로 바뀐다고 볼 수 있다. 여기서는 이해하기 좋게 1형식에서 같이 설명하였을 뿐이다.)

I will have been able to walk in the park every night
S   V   C
with you.
나는 한동안 너와 함께 매일 밤마다 공원을 산책할 수 있는 상태가 될 거야.

I would have been able to walk in the park every night with you.
한동안 너와 함께 매일 밤마다 공원을 산책할 수 있는 상태였을 거야.

(* 위의 문장은 확실하게 2형식의 문장이다. 평서문
I can walk in the park every night with you.
가 1형식이므로 미래완료형으로 바뀌면서 2형식으로 바뀌게 되었다. 'I can ~' 자체가 지금부터 앞으로 쭉 미래의 상당 기간까지 '할 수 있는' 상태가 지속되므로 현재형에서
I can have walked ~~~~
이렇게 사용하지는 않는다. 그러나 2형식으로 바꾸어
I will have been able to walk ~~~
라고 사용하면 거의 같은 내용이지만 어감이 다르다)

2) 2형식 (P2)

You can be rich.
　s　　v　　c
넌 부자가 될 수 있어.
You could be rich.
넌 부자가 될 수 있었어.

You could have been rich.
　s　　　v　　　　c
너는 부자로 있을 수 있었어.

(* can은 완료형과 같이 사용하지 않는다 왜냐하면 '~할 수 있다' 자체가 상태이기 때문이고 특별한 언급이 없는 한 그 상태가 유지되기 때문이다. 그러나 가정법에서는 위와 같이 완료상태가 표현된다. 좀 더 구체적으로 확실하게 어떤 상태를 표현하려고 하기 때문일 것이다. 이러한 경우를 문법적으로 '가정법과거완료'라고 한다. 눈에 보이는 형태는 'have+과거분사'인 현재완료로 보이지만 그 앞에 있는 'could'가 과거이기 때문이다.)

3) 3형식 (P3)

_I_ _can play_ _the piano_ with him tonight.
S   V   O
난 오늘 밤 그와 함께 피아노를 연주할 수 있어.
_I_ _could play_ _the piano_ with him last night.
난 지난밤 그와 함께 피아노를 연주할 수 있었어.

_I_ _could have played_ _the piano_ with him.
S   V   O
한동안 난 그와 함께 피아노를 연주할 수 있는 상태였어요.

4) 4형식 (P4)

He can buy me a coffee every morning.
 s   v   o1   o2
그는 매일 아침 나에게 커피를 사줄 수 있어요.
He could buy me a coffee every morning.
그는 매일 아침 나에게 커피를 사줄 수 있었어요.

He could have bought me a coffee.
 s   v   o1   o2
그는 나에게 커피를 사 줄 수 있는 상태였어요.

My father could have bought me the car for 10,000,000 in 2005.
아빠가 2005 년에 그 차를 천 만원에 사줄 수 있는 상태였어요.

5) 5형식 (P5)

I can let my husband do dishes after dinner.
s v   o   c
나는 남편한테 저녁 먹고 설거지를 시킬 수 있습니다.
I could let my husband do dishes after dinner yesterday.
나는 남편한테 어제 저녁 식사 후 설거지를 시킬 수 있었어요.

I could have let my husband do dishes after dinner
s   v   o   c
every day.
나는 남편한테 매일 저녁 먹고 나서 설거지를 계속 시킬 수 있었어.

(* 위의 문장과 같이 평서문일 때는 완벽하게 시제가 구분되지만 의문문일 경우 종종 현재이지만 과거시제로 'could you ~'라고 하는 경우가 있는데 이러한 경우 그것은 정중한 표현된다.

Could you open the window?
직역-> 그 창문을 열어주실 수 있었겠지요?
의역-> 그 창문을 열어주실 수 있을까요?

Could I ask you a question?
직역-> 제가 질문을 하나 드릴 수 있겠지요?
의역-> 제가 질문을 하나 드릴 수 있습니까?)

2.4　may, might

'may'는 '~할 지도 몰라'의 의미로 해석되며 동사 앞에 치하면서 동사의 의미를 이렇게 확장 시킨다. 'might'는 'may'의 과거이므로 '~ 했을지도 몰라'가 된다. 과거에서 앞으로 일어날 일에 대해 가정해서 말하는 것이다. 'would, should, could'와 같이 현재형에서 사용하면 부드럽고 점잖은 표현이 된다.

예문)
1) 1형식 (P1)
My girlfriend *may go* to see a movie.
　　　S　　　　V
내 여자친구는 영화 보러 갈 지도 몰라.
My girlfriend *might go* to see a movie then.
내 여자친구는 그 때 영화 보러 갔을 지도 몰라.

He *may walk* in the park with her.
　S　　V
그는 그 여자와 공원을 산책할 지도 몰라.
He *may be walking* in the park now with her.
그는 지금 그 여자랑 공원을 산책하고 있는지 몰라.

He *might walk* in the park with her.
　S　　V
그는 그 여자랑 공원을 산책했을지 몰라.
He *might be walking* in the park then with her.
그는 그때 그 여자랑 공원을 산책 중이었을 지도 몰라.

He *may have walked* in the park every night.
　S　　　V
그 사람은 매일 밤 늘 공원을 산책해 오고 있는 지도 몰라
He *might have walked* in the park every night with her.
그는 한동안 매일 밤 그 여자랑 공원을 산책했을 지도 몰라.

2) 2형식 (P2)

My girlfriend may get beauty.
　　　　S　　　V　　　C
내 여자친구가 예뻐질지도 몰라.
My girlfriend might get beauty.
내 여자친구가 예뻐졌을지도 몰라.

My girlfriend may be getting beauty now.
　　　　S　　　　V　　　　C
내 여자친구는 지금 예뻐지고 있는지도 몰라.
My girlfriend might be getting beauty then.
내 여자친구는 그때 예뻐지고 있었을 지도 몰라.

My girlfriend may have got beauty.
　　　　S　　　　V　　　　C
내 여자친구는 예뻐진 상태가 될 지도 몰라.
My girlfriend might have got beauty.
내 여자친구는 예뻐진 상태가 되었을 지도 몰라.

3) 3형식 (P3)

My father may eat an apple every morning.
   s   v   c
우리 아빠가 매일 아침 사과 1개를 드실지도 몰라요.
My father might eat an apple every morning.
우리 아빠가 매일 아침 사과 1개를 드셨을 지도 몰라요.

My father may be eating apple now.
   s   v   o
우리 아빠가 지금 사과를 드시고 계실지도 몰라요.
My father might be eating apple then.
그때 우리 아빠가 사과를 잡수고 있었을 지도 몰라요.

(* 진행형은 'be+현재분사'로 표현한다. 앞에 조동사가 있을 때는 'be 동사'는 원형을 사용한다. 현재분사라고 해서 현재진행형을 의미하는 것은 아니다. 이러한 형태의 문장에서 시제는 'be 동사'가 결정하며 위와 같이 'be' 앞에 다른 조동사가 있으면 그 조동사가 시제를 결정한다.
사과를 몇 개 먹는지 모르기 때문에 부정관사 'an'을 사용하지 않았다.)

My dad may have eaten an apple for health.
   s   v   o
아빠는 건강을 위해서 쭉 사과를 드시고 있을 지도 몰라요.
My dad might have eaten apple for health.
아빠는 건강을 위해서 쭉 사과를 드셨을 지도 몰라요.

5) 4형식 (P4)

<u>My father</u> <u>may buy</u> <u>my brother</u> <u>a computer</u>.
   s   v   o1   o2
우리 아빠가 동생한테 컴퓨터를 한 대 사줄지도 몰라요.
<u>My father</u> <u>might buy</u> <u>my brother</u> <u>a computer</u> yesterday.
우리 아빠가 동생한테 어제 컴퓨터를 한 대 사주었을지도 몰라요.

<u>My father</u> <u>may be buying</u> <u>my brother</u> <u>computer</u> at store
   s   v   o1   o2
아빠가 지금 가게에서 동생한테 컴퓨터를 한 대 사주고 있을 거야.

<u>My father</u> <u>might be buying</u> <u>my brother</u> <u>a computer</u> at store at this time yesterday.
우리 아빠가 동생한테 어제 이 맘 때 가게에서 컴퓨터를 사주고 계셨을지도 몰라요.

(* 위의 예문에서 보듯이 might 과거의 일을 짐작할 때 사용한다. 그럴 수도 있고 아닐 수도 있으므로 넓은 의미의 가정법이라고 할 수 있다.)

<u>He</u> <u>may have bought</u> <u>his girlfriend</u> <u>a coffee</u> at café every
 s   v   o1   o2
morning.
걔는 자기 여자친구한테 매일 아침마다 쭉 카페에서 커피를 사주고 있을 지도 몰라. (사주고 있을 거야)
<u>He</u> <u>might have bought</u> <u>his girlfriend</u> <u>a coffee</u> at café every morning.
걔는 자기 여자친구한테 매일 아침마다 쭉 카페에서 커피를 사주었을 지도 몰라. (한동안 사주고 있었을 거야)

6) 5형식 (P5)

Mother *may let* *father* *do* dishes.
   s   v   o   c
엄마가 아빠한테 설거지를 시킬지도 몰라요.
Mother *might let* *father* *do* dishes last night.
엄마가 아빠한테 어제 밤에 설거지를 시켰을지도 몰라요.

Mother *may be letting* *father* *do* dishes now.
   s   v   o   c
엄마가 아빠한테 설거지를 지금 시키고 있을지도 몰라요.
Mother *might be letting* *father* *do* dishes at that time yesterday.
엄마가 아빠한테 어제 그 때 설거지를 시키고 있었을지도 몰라요.

Mother *may have let* *father* *do* dishes after every meal
   s   v   o   c
every day.
엄마가 아빠한테 식사 때마다 매일 설거지를 시키고 있을 거야.

Mother *might have let* *father* *do* dishes after every meal every day.
엄마가 아빠한테 식사 끝날 때마다 매일 설거지를 시켰을 거에요.
Mother *might have let* *father* *help* me do homework every night.
엄마가 아빠한테 매일 밤마다 제가 숙제 하는 것을 도우라고 시켰을 거에요.

(* 사역동사 'let'이 있으면 그 뒤에 오는 'to 원형동사 – to 부정사'에서 'to'를 생략한다. 마찬가지로 'help' 뒤에 오는 동사에도 'to'를 생략한다. 그렇지만 help 뒤에서 가끔 'to'를 사용하기도 하므로 틀렸다고 할 수 없다.)

2.5 must

'must'는 '~해야만 한다'의 의미로 동사 앞에서 사용되는 조동사이다. 아주 강한 명령문과 같은 의미라서 이 조동사는 현재형 외에 다른 시제는 존재하지 않는다. 명령문은 현재를 전제로 한 것이지 명령문을 과거나 미래로 할 수 없는 것이다. 물론 지금 당장의 해야 할 일을 미래라고 하지 않는다. 'shall', 과거형 'should'보다 훨씬 강한 의미이면서 명령문과 같은 효과가 있으므로 아랫사람에게 대하듯 할 때만 사용하는 것이 좋고 친구나 윗사람에게 사용하는 것은 실례가 될 수 있다.

예문)

1) 1형식 (P1)

<u>We</u> <u>*must walk*</u> in the park every day for health.
  s   v
우리는 건강을 위해서 매일 공원을 산책하여야만 합니다.
<u>We</u> <u>*had to walk*</u> for health in the park every day.
  s   v   o
우리는 건강을 위해 매일 공원을 산책해야만 했어.

<u>We</u> <u>*had to be*</u> there then.
  s v   o
우리는 그 때 거기에 있었어야만 했어.
<u>We</u> <u>*didn't have to be*</u> there then.
우리는 그 때 거기에 있지 말았어야 했어.

(* must의 과거는 없기 때문에 대신 'had to'를 사용한다. 그래서 'had to'를 종종 조동사라고 하는데 엄연히 말해 그렇지는 않다. 왜냐하면 이를 부정하기 위해서는 'had not to'를 사용하지 않고 'did not have to'를 사용하기 때문이다. 그렇다고 'had not to'가

틀린 것은 아니고 종종 사용하기도 한다. 일반적으로 그렇다는 뜻이므로 여기서 얘기하고 싶은 것은 아무튼 'had'가 조동사가 아니고 일반동사 즉 have의 과거라는 의미이다.
* 'had'가 동사 이고 'to 부정사'는 'had'의 목적어로 온 것이므로 이 경우 3형식으로 바뀌었다고 볼 수 있다.)

<u>My father</u> <u>must be walking</u> in the park now.
　　S　　　　　V
우리 아빠는 지금 공원을 산책하고 계신 게 틀림없어.
<u>My father</u> <u>must have walked</u> in the park every day for health.
우리 아빠는 건강을 위해 아침마다 공원을 산책해오고 있는 게 틀림없어요.

Your father must have been tired these days.
너의 아빠는 요즘 피곤하신 게 틀림없어.

2) 2형식 (P2)

We must be frank.
  s   v   c
우리들은 솔직해야만 합니다.
You must be a man.
넌 진짜 남자가 되어야만 해. (남자같이 굴어야 해)

We had to be frank.
우리는 솔직해야만 했어.
That must be a woman.
저 사람은 틀림없이 여자야.

(*저 사람은 여자 같은데. 우리가 보통 '~ 같은데'라고 말할 때 의심스러워서 할 때도 있지만 확실하면서도 그렇게 표현하기도 한다. 그 때는 'must'를 표현한다.)

He must be being a woman.
  s   v   c
그 사람은 여자가 되고 있는 게 틀림 없어.
(여자로 변하고 있는 거 같아)

The gentleman must have been honesty.
        s   v   c
그 신사는 정직한 게 틀림없어.
(그 신사는 정직한 거 같아)

They must have been busy these days.
그들은 요즘 바쁜 게 틀림없어요.
(그 사람들 요즘 바쁜 거 같아요)

3) 3형식 (P3)

<u>*You* *must eat* *a tomato*</u> every day.
   s   v   o
너는 매일 토마토 한 개씩을 먹어야만 해.

<u>*You* *had* *to eat* *a tomato*</u> every day.
너는 매일 토마토 한 개씩을 먹었어야만 했어.

<u>*Your mom* *didn't have* *to take*</u> the pill every day.
너의 엄마는 그 약을 매일 먹지 말았어야만 했어.

<u>*Your son* *must be eating* *tomato*</u> now.
     s   v   o
너의 아들은 지금 토마토를 먹고 있는 게 틀림없어.

<u>*Your son* *must have eaten* *a tomato*</u> every day.
너의 아들은 매일 토마토 한 개씩을 먹어오고 있는 게 틀림없어.

<u>*Your son* *must have been eating* *a tomato*</u> every day.
너의 아들은 매일 토마토 한 개씩을 꼬박 꼬박 먹어오고 있는 게 틀림 없어.

(* 위 문장은 'must be eating'에서 'be동사'에 대해 완료형을 취했다. 아주 강조할 때 사용한다.)

4) 4형식 (P4)

You must buy me a coffee after dinner.
  s   v   o1   o2
저녁 먹고 나서 나한테 커피 한 잔 사야 해.
You had to buy me a coffee after dinner yesterday.
  s   v   o
너는 어제 저녁 먹고 나서 나에게 커피 한 잔을 샀어야만 했어.

(* 'had'의 목적어는 'to buy'이며 여기서는 3형식이고 'me'는 'to buy'의 첫 번째 목적어이고 'a coffee'가 두 번째 목적어이다.)

He must be buying his girlfriend a coffee now.
 s   v   o1   o2
지금 그는 자기 여자친구한테 커피를 사주고 있는 게 틀림 없어요.
(지금 그 사람은 자기 여자친구한테 커피를 사주고 있는 거 같아요)
He must have been buying that lady a coffee every morning for about a year.
그 사람은 저기 있는 여자한테 지난 일년쯤 매일 아침마다 하루도 빠지지 않고 커피를 한 잔 사주고 있는 게 틀림 없어.

He must have bought his girlfriend a coffee every morning.
그 사람은 자기 여자친구한테 매일 아침 커피 한 잔씩 사주고 있는 게 틀림 없어요.

5) 5형식 (P5)

You must make him happy.
 s   v   o   c
넌 그 사람을 행복하게 해 주어야만 해.
You had to make him happy.
넌 그 사람을 행복하게 해 주었어야만 했어.

He must be making his baby crying.
 s   v   o   c
그 사람은 자기 아이를 지금 틀림없이 울고 있게 만들고 있어요. (울리고 있어요.)
He must have made his wife cry sometimes.
그 사람은 가끔씩 자기 아내를 울리게 해오고 있는 게 틀림없습니다. (울리는 있는 거 같아요.)

(* 'make'가 사역동사 이므로 그 뒤에 나오는 'to 원형동사 – 부정사'에서 'to'를 생략한다. 만일 이 자리에 현재분사가 오면 위의 예와 같이 '울고 있는 상태'로 만든다고 해석한다.
'must'도 엄밀히 보면 지금 그렇다고 확신을 갖고 상상하는 즉 짐작하는 것이므로 사실과 다를 수 있다. 일종의 가정을 해서 말하는 형태의 문장이다.)

Chapter 3. if를 포함하는 단문장

'if'가 문장의 제일 앞에 오면 그 문장 전체에 대하여 가정을 한다. 가정을 해 본다는 것은 우리말로 보면 그 시점에 따라 2가지로 구분할 수 있다.

이미 일어났던 과거에 대하여 그 사실이 다른 내용으로 바뀌었다면 어땠을까를 추정해 보는 과거형,
앞으로 일어날 미래에 대하여 미리 가정을 해보는 미래형

이렇게 2가지가 있는데 문제는 영어에서는 4가지로 더 자세히 나눈다는 데 있다. 즉 우리말에 없는 것을 더 자세히 둘로 나누기 때문에 우리의 입장에서는 참으로 난감하다. 그래도 영어를 우리말로 번역할 때는 어느 정도 이해가 되는데 2가지 밖에 없는 한국어 가정문을 4가지로 분류해서 영어로 영작을 할 때 어느 것을 선택하여야 할 지 쉽지가 않다. 가정을 해서 말하는 것 자체가 조금만 집중 하지 않으면 헷갈리기 쉽다.
 영어에서는 우리말의 가정형 과거가 둘로 나뉘어 가정법 과거와 가정법 과거완료로 나뉘게 된다. 여기서도 구분이 쉽지 않은 것은 우리말에 과거완료라는 시제가 없기 때문에 더욱 어렵다. 완료형에서 사용하는 과거분사라는 동사의 시제가 없기 때문이다.
 영어에서 가정법과거는 하루라도 단 1초라도 과거에서 발생한 사실을 다르게 가정해 보는 것이다. 물론 이런 가정은 현재의 우리 삶에 영향을 끼치게 되므로 발생 시점에서는 과거지만 그 결과는 현재일 수 있다. 이러한 상태를 '가정법과거'라고 한다. 그래서 영문법에서 흔히 가정법과거가 현재 사실의 반대라고 하는 것이다.
 그런데 과거에 일어난 사실이 계속 그 상태가 지속되고 있었다면 '가정법과거완료'가 된다. 그 상태가 쭉 계속되었으리라고 짐작하기 때문에 완료형을 사용하는 것이고 그 완료형의 시점이 과거이기 때문에 가정법과거완료가 되는 것이다. 물론 그 상태가 지금까지 계속 될 수도 있고 아닐 수도 있다. 지금까지 계속 '되었는가 아닌가'까지 구별하여 시제로 표현하지는 않는다. 그것은 아무도

모르기 때문이다. 크레오파트라의 코가 **1mm**만 컸다고 해도 과거의 역사가 다 바뀌었을 거라고 하지만 반드시 그렇지 않을 수도 있는 것이다. 역사가 바뀔 줄 알았는데 바로 하루 만에 예기치 않은 다른 사건이 생겨 영향을 주지 못할 수도 있다. 그러나 가정을 해서 말하는 사람은 그 결과가 바뀐 상태가 지금까지 영향을 주어 역사가 바뀌었을 거라고 말하고 싶은 것이다.

우리말에서 가정의 미래는 영어에서는 가정법현재와 가정법미래 둘로 구분된다. 간단히 말하면 영어에서 가정법현재는 우리말의 가정법 미래와 같고 영어에서 가정법미래는 이루어질 수 없는 것을 가정하는 불가능한 미래를 의미한다. 이 2가지를 구분해서 영작을 하고 번역을 하여야 한다.

가정법현재는 지금 현재의 일을 가정해 본다. 결국 지금 현재를 가정한다는 것은 바로 1초 후라도 앞으로 일어날 일을 가정하는 것이나 마찬가지이기 때문에 결국 미래를 의미한다. 당연히 가정의 결과는 미래가 될 수 밖에 없다. 용어를 가정법현재라고 사용하기 때문에 혼돈되기 쉽지만 사실 생각해보면 미래를 가정하는 것이 될 수 밖에 없다. 이 말은 우리말도 마찬가지이다.

그렇다면 가정법미래는 무엇일까? 영어에서 가정법미래는 불가능한 미래에 대한 가정을 의미한다. 예를 들어

내가 너라면
내일 태양이 서쪽에서 뜬다면
내가 인생을 다시 산다면

과 같은 가정들이다.

특이한 것은 이러한 가정법미래를 표현할 때 영어에서는 미래형을 사용하지 않고 'should'나 'would'를 if 문장 안에서 사용한다는 것이다. 'be' 동사의 경우는 무조건 'were'를 사용한다.

그런데 미래에 불가능하다는 것은 무엇을 의미할까? 사실 이러한

가능성에 대한 짐작은 매우 주관적일 가능성이 크다. 그러므로 불가능한 미래에 대한 표현은 사람마다 달리 생각할 수 있고 다르게 표현할 수도 있으므로 영어를 공부하는 입장에서 가정법 미래가 무척 헷갈리게 될 것이다. 결국 가정법 미래로 할 수도 있고 그냥 가정법 현재형으로 해도 틀린 표현이라고 단언할 수 없다는 뜻이다.

 가정법 미래에 대한 표현을 공부하면서 여기에 해당하는 부분이 언뜻 이해가 가지 않을 수가 있다. 즉 말해서 자기의 입장에서 조금이라도 실현 가능성이 없을 수도 있어 가정법 미래로 표현할 수도 있고 그냥 실현이 가능한 표현으로 해서 가정법 현재형으로 표현할 수 있다는 말이다. 그러니까 가정법 예제 문장을 보게 되면 같은 문장이라도 어느 책에서는 가정법 현재라고 하고 어느 책에서는 가정법 미래라고 하는 이유가 여기에 있다. 이 말은 가정법을 이해하는데 매우 중요한 의미가 있다.

 여러분들이 사실 영어 가정법을 쉽게 하려면 간단한 방법이 있는데 영어 가정법 4가지 시제를 샘플로 한 문장씩 외우면 어쩌면 쉽게 해결될 지도 모른다.

3.1 if 현재형

'if' 문장 안에 현재형의 시제가 오는 것을 '가정법현재'라고 한다. 내용은 미래이다. 이 말은 우리말과도 같은 표현방식이다. 예를 들어

만일 네가 온다면
과 같이 우리말도 현재형으로 표현을 하지

만일 네가 올 것이라면
이라고 하지는 않는다.

 틀린 것은 아니지만 구태여 어렵게 미래형으로 표현하지는 않는다. 여기서 한가지 우리가 알 수 있는 건 가정을 해서 말할 때 우리말은 시제를 정확하게 표현하지 않는 경향이 있다는 점이다. 그래서 영어가정법이 어려운 것이 아니라 우리말의 표현이 정확하고 세밀하게 표현하지 않는 것을 영어로 바꾸자니 어렵다고 느끼는 건 아닌가 여겨진다.

예문)

1) 1형식 (P1)

If *he* *comes* in.
    s   v
만일 그가 들어오면.

If *you* *come* near to me tomorrow.
내일 네가 내 근처에 온다면

If *she* *doesn't come* tomorrow.
그녀가 내일 오지 않는다면.

If *they* *come* without my permission.
그들이 내 허락 없이 온다면.

If *they* *come* together.
그들이 같이 온다면.

If *my dad* *cooks*.
만일 아빠가 요리를 한다면.

2) 2형식 (P2)

If I *am* *happy*.
   S V   C
내가 행복하게 되면

If *you* *are* *busy*.
만일 네가 바쁘게 되면

If *he* *is* *lucky*.
만일 그에게 행운이 온다면.

If *your girlfriend* *is* *sad*.
만일 네 여자친구가 슬프게 되면

If *I* *feel* *so hungry*.
만일 내가 배고파 지면

If *you* *look* *not so good*.
만일 네가 안 좋게 보이면

If *your dad* *has got* *tired* these days.
     S   V   C
만일 네 아빠가 요즘 피곤해지는 상태가 된다면

If *you* *can be* *ready*.
   S   V   C
만일 네가 준비가 된다면.

If *we* *are* *able* to play the guitar.
만일 우리가 기타를 칠 수 있게 된다면.

3) 3형식 (P3)

If <u>I</u> <u>eat</u> <u>this</u>.
   S V   O
내가 이 것을 먹는다면

If <u>your daughter</u> <u>cooks</u> <u>noodles</u> in a bit of olive oil.
너의 딸이 국수를 올리브 오일에 넣고 요리를 하면.

If <u>you</u> <u>don't want</u> <u>it</u>.
만일 네가 원하지 않는다면.

If <u>my brother</u> <u>drinks</u> <u>Soju</u>.
만일 동생이 소주를 마시면.

If <u>you</u> <u>begin with</u> <u>certainties</u>.
확실한 것들로 시작을 하였다면.

If <u>you</u> <u>change</u> <u>a file</u>.
만일 당신이 파일을 변경하면.

If <u>you</u> <u>begin</u> <u>cooking</u> it after dinner
    S   V   O
저녁 먹고 요리가 시작되었다면

If <u>you</u> <u>don't understand</u> <u>what I am saying</u>.
   S   V   O
만일 당신이 내가 말하는 게 이해되지 않는다면.

If <u>students</u> <u>don't know</u> <u>who has written it</u>.
만일 학생들이 누가 써놓았는지 모른다면.

If <u>she</u> <u>has cooked</u> <u>noodles</u> that I like.
   S   V   O
만일 그녀가 내가 좋아하는 국수 요리를 해 놓는다면.

If *she* *can cook* *noodles*.
　　s　　　v　　　　o
그녀가 국수를 요리할 수 있다면.

If *my brother* *is losing* *the game*.
　　　s　　　　　v　　　　　o
만일 동생이 게임을 지고 있다면.

If *you* *change* *your flight schedule*.
만일 당신의 비행 일정을 바꾸신다면.

If *you* *don't want* *it*.
네가 원하지 않으면.

If *I* *open* *the window*?
제가 창문을 연다면요?

If *I* *write* *my comments* in the margins.
여백에 제가 의견을 쓴다면요?

4) 4형식 (P4)

If *I give mom a call*.
   s   v   o1   o2
만일 엄마에게 전화를 드리면.

If *you tell me the truth* someday.
언젠가 네가 나에게 진실을 말한다면

If *he sends me a text*.
만일 그가 나에게 문자를 보낸다면.

If *she buys me a coffee* tomorrow.
만일 그 여자가 내일 나에게 커피를 산다면.

If *teacher asks us the problem* next week.
선생님이 다음 주 그 문제를 우리에게 물어보시면.

If the police asks us the car accident.
경찰이 그 교통사고에 대하여 우리에게 묻는다면.

If *my girlfriend cooks me noodles*.
만일 내 여자친구가 나에게 국수를 만들어주면.

If *my girlfriend is cooking my mom noodles*.
      s   v   o1   o2
만일 여자친구가 엄마에게 국수를 만들어주고 있다면

5) 5형식 (P5)

If *I* *make* *her* *sad*.
    s   v   o   c
만일 내가 그녀를 슬프게 한다면.

If *you* *make* *mom* *cry*.
만일 네가 엄마를 울린다면.

If *mom* *lets* *me* *sing* the song.
만일 엄마가 나에게 그 노래를 하라고 하면.

If *they* *help* *us* *clean* the class room.
만일 그 사람들이 우리가 교실 청소 하는 걸 돕는다면.

If *dad* lets *mom* *do* dishes.
만일 아빠가 엄마 설거지 하는 걸 시킨다면.

If *he* *has left* *you* *blue*.
    s   v   o   c
만일 그 사람이 너를 우울하게 하고 떠난 상태라면.

If *my girlfriend* *has wanted* *m*e *to stay* here.
만일 내 여자친구가 내가 가지 않기를 원해왔다면.

If *dad* *can help* *mom* *cook*.
    s   v   o   c
만일 아빠가 엄마 요리하시는 걸 도울 수 있다면.

If *dad* *is helping* *my brother* *do* homework.
    s   v   o   c
만일 아빠가 동생 숙제 하는 걸 돕고 있으시다면.

3.2 if 과거형

가정법과거형은 'if' 문장 안에 '과거형' 문장이 온다. 이 부분은 영어에서 사용되는 시제와 우리말의 시제가 다르게 사용된다. 자세히 내용을 직역해 보면 우리말의 시제가 부정확함을 알 수 있다. 즉 영어에서는 어떠한 가정을 하는 사실이 지난 과거에서 영향을 끼쳤다면 그 결과가 과거에서 시작해서 지금까지 영향을 끼쳤을 수도 있고 아닐 수도 있다. 아무튼 그 결과가 시작되는 시작점도 과거라는 것이다.
 그러나 그 결과가 지금까지 지속되고 있는지는 모르고 다만 가정을 해서 짐작할 뿐이다.

예를 들어

If I had much money, I would buy this.
과거에 돈이 많았다면 이 것을 샀을 텐데.

라고 해석할 것이다.
그 가정에 대한 결과의 문장은 그 당시에 물건을 사서 지금은 나의 것이 되었을 것이다. 물론 지금은 아닐 수도 있겠지만 보통 하고 싶은 말은 지금은 내 것이 되기를 바라는 마음으로 가정을 했을 것이다.
그래서 가정법과거는 우리말로 볼 때는 현재의 사실에 반대처럼 보인다.

예문)
1) 1형식 (P1)

If *Jane* *was* there.
   ‎ s   v
Jane이 거기에 있었다면. (있었는지)

If *you* *came* to class.
만일 네가 수업에 들어왔다면.

If *she* *came* to the committee.
만일 그녀가 위원회에 왔다면.

If *they* *went* to see a movie yesterday.
그들이 어제 영화 보러 갔다면.

If *I* *was* to fill my car up the gas full.
내 차에 기름을 가득 채우려 한다면.

If I *was married* then.
   ‎ s   v
내가 그때 결혼했다면.

If *my father* *walked* in the park every day for his health with me.
만일 아빠가 건강을 위해서 나랑 매일 같이 공원을 산책하였다면.

2) 2형식 (P2)

If *I* *was* *happy*.
   s   v   c
내가 만일 행복했다면.

If *you* *were* *sad* then.
만일 네가 그때 슬펐다면.

If *he* *was* *ready* to go there.
만일 그가 거기에 갈 준비가 되었다면.

If *it* *was* *cold* yesterday.
만일 어제 추웠다면.

If *he* *was being* *a woman*.
   s   v   c
만일 그가 그때 여자가 되고 있었다면.

(* 과거진행형이 if문에 왔다. 그 남자가 여자가 되는 수술 혹은 투약 등의 방법으로 여자가 되고 있는 중인 상태를 의미한다.)

3) 3형식 (P3)

If *I changed the computer*.
   s   v   o
만일 내가 컴퓨터를 바꾸었다면.

If *we bought three*.
만일 우리가 세 개를 샀다면.

If *he* really *wrote the books*.
그가 만일 진짜로 그 책들을 썼다면.

If *the children began to understand* what teacher was
        s   v   o
saying.
만일 그 아이들이 선생님이 말씀하고 계신 것을 이해하기 시작하였다면.

If *I was doing it* then.
  s   v   o
만일 내가 그것을 그때 하고 있었다면.

If *you were eating the meal*.
네가 음식을 먹고 있었다면.

If *I began with a few facts* about breast cancer.
만일 유방암에 대하여 몇 가지 사실을 갖고 시작했다면.
(알고 시작했다면)

If *you could write a letter* of recommendation for me.
나를 위해 추천서를 써 주실 수 있다면.

4) 4형식 (P4)

If <u>I</u> <u>sent</u> <u>you</u> <u>a text</u> then.
   s   v   o1   o2
내가 만일 그 때 네게 문자를 보냈다면.

If <u>you</u> <u>bought</u> <u>me</u> <u>a coffee</u>.
네가 만일 나에게 커피 한 잔을 샀다면.

If <u>he</u> <u>asked</u> <u>her</u> <u>the question</u>.
그가 만일 그 여자에게 그 질문을 했더라면.

If <u>my dad</u> <u>told</u> <u>me</u> <u>the story</u> on the bed.
만일 아빠가 나에게 침대에서 그 이야기를 들려주셨다면.

If <u>my dad</u> <u>could tell</u> <u>me</u> <u>the story</u> on the bed.
    s   v   o1   o2
만일 아빠가 그 이야기를 침대에서 나에게 말해줄 수 있었다면.

If <u>my dad</u> <u>was telling</u> <u>me</u> <u>the story</u> on the bed then.
    s   v   o1   o2
만일 아빠가 그때 침대에서 나에게 그 이야기를 들려주고 있었더라면.

5) 5형식 (P5)

If *I* *made* *her* *cry*.
   s   v   o   c
만일 내가 그녀를 울렸더라면.

If *you* *made* *him* *happy*.
만일 네가 그를 행복하게 했다면.

If *she* *made* *him* *the president*.
만일 그녀가 그를 대통령으로 만들었다면.

If *teacher* *let* *us* *do* homework.
만일 선생님이 우리들한테 숙제를 시켰다면.

If *mom* *let* *dad* *help* me do homework.
만일 엄마가 아빠한테 내 숙제 하는 걸 도우라고 시켰다면.

If *mom* *was letting* *da*d *do* dishes.
   s   v   o   c
만일 엄마가 그때 아빠에게 설거지를 시키는 중이었다면.

3.3 if 과거완료형

'if' 문장 안에 과거완료형의 시제가 오는 문장을 '가정법과거완료'라고 한다. 우리말에는 이 시제가 없다. 동사의 과거분사의 형태도 없기 때문에 매우 이해하기 힘들지도 모른다. 보통 과거보다 먼 과거라고 해서 '대과거'라고 표현하는데 적당한 설명이라고 할 수 없다.

오히려 현재완료를 과거의 상태로 보고 어떤 상태가 지속하고 있는 과거의 상황이라고 보면 쉽다. 즉 한동안 과거에 지속되고 있었던 상황이기 때문에 지금은 그렇지 않음을 의미한다. (물론 그럴 수도 있다. 단언할 수는 없다. 그래서 결과의 문장에 완료형이 오지 않기도 한다.) 한 때 그러한 상황이 있었다고 하는 편이 좀 더 이해하기 편안하다. 동사의 과거분사가 그런 지속적 상태를 의미하기 때문이다.

과거에 끝난 상황이기 때문에 당연히 동사가 동작을 시작한 시점도 과거이다. 좀 더 이 부분에 대한 이해가 더 필요하다면 영어책을 읽을 때 어떤 상황에서 이러한 시제를 사용하는 지 살펴보는 것이 좋다. 우리말도 우리가 문법을 몰라도 사용할 수 있는 이유는 어떤 상황에서 어떤 표현을 사용해야 하는 지를 알기 때문이다.

예문)
1) 1형식 (P1)

If I *had been* with you.
    s   v
직역-> 만일 너와 함께 한동안 쭉 같이 있었다면.
의역-> 만일 너와 함께 있었다면.

(* 위의 예에서 볼 수 있듯이 'if I was with you'의 우리말 해석과 같음을 알 수 있다. 우리는 과거분사의 시제가 없기 때문에 위와 같이 '쭉', 혹은 '한동안'이란 어떤 부사적 표현을 추가하여 지속하는

상황을 표현한다. 영어로 현재완료, 과거완료를 잘 표현하려면 결국 영어책을 많이 읽어 많은 예문을 접하여야 할 것이다.)

If *you had been* in my place.
만일 당신이 내 입장에 처해졌다면.

If *Kim Tae Hee had come* to the party.
김태희가 파티에 와 있었으면.

If *your dad had walked* in the park every day.
만일 너의 아빠가 매일 한동안 공원을 산책하셨다면.

If *your father had not been tired*.
너희 아빠가 피곤하지 않으신 상태였다면.

If *the flight had arrived*.
비행기가 도착한 상태였더라면.

If *you had not got* the money.
너한테 돈이 없는 상태였다면.

If *we had not been* there.
거기에 우리가 없었더라면.

2) 2형식 (P2)

If *I* *had been* *rich*.
   s   v   c
내가 한 때 부자였다면.

If Park Young Suk *had been* *alive*.
박영석이 살아있는 상태였다면.

If *he* *had been* *a doctor*.
그 사람이 의사였다면.

If *she* *had looked* *beautiful*.
그녀가 아름답게 보였다면.

If *they* *had not got* *tired* during traveling.
    s   v   c
그 사람들이 여행 중에 피곤하지 않은 상태였다면.

If *it* *had been* *anything* else.
또 다른 것들이 있는 상태였다면.

3) 3형식 (P3)

If *I had begun to walk*.
   S   V   O
내가 산책을 시작하였다면.

If *you had bought* only *one share* of Samsung years ago.
만일 네가 몇 년 전 삼성주식을 단 한 주라도 산 상태였다면.

If *he had written the letter*.
만일 그가 그 편지를 쓴 상태였더라면.

If *I had done so*.
내가 그렇게 했었더라면.

If *she had loved me*.
그녀가 만일 나를 한 때 좋아했더라면.

If *I had been writing the diary* every day.
   S   V   O
내가 매일 일기를 쭉 써왔더라면.

If *he had bought the thing* that I had wanted to use.
만일 내가 사용하기를 원해왔던 것을 그가 사놓은 거라면.

4) 4형식 (P4)

If I *had given* *him* *a help*.
  s   v   o1   o2
내가 그에게 도움을 주었더라면.

If *you had sent me* only *a message*.
만일 당신이 나에게 하나의 메시지라도 보냈다면.

If *he had asked you the problem*.
만일 그가 너에게 그 문제에 관해 물었더라면.

If *my dad had told us his experiences*.
만일 아빠가 우리들한테 자신의 경험을 이야기해 주셨더라면.

If *my dad had been telling* *us* *his much experiences*
     s   v   o1   o2
that he had got in his life.
만일 아빠가 우리들한테 자신이 인생에서 겪은 풍부한 경험들을 우리들한테 쭉 이야기 하셨더라면.

If *the police had showed me the photo*.
만일 경찰이 나에게 그 사진을 보여주었더라면.

If *we had given students* more *support* in the beginning.
우리가 시작 시점에서 학생들을 좀 더 도와주었더라면.

5) 5형식 (P5)

If <u>I</u> <u>had made</u> <u>her</u> <u>happy</u>.
   s   v   o   c
내가 만일 그녀를 행복하게 해 주었더라면.

If <u>you</u> <u>had made</u> <u>babies</u> <u>cry</u> every day.
만일 당신이 아이들을 매일같이 울렸더라면.

If <u>teacher</u> <u>had let</u> <u>us</u> <u>do</u> homework every day.
만일 선생님이 우리들한테 매일 숙제를 시켰다면.

If <u>he</u> <u>had let</u> <u>her</u> <u>sing</u> songs what she liked.
만일 그가 그녀에게 좋아하는 노래들을 시켰더라면.

If <u>he</u> <u>had been letting</u> <u>her</u> <u>sing</u> songs every day what
   s   v   o   c
she liked.
만일 그가 그녀에게 좋아하는 노래들을 정말이지 허구한날 시켰더라면.

3.4 if 미래형

 if 가정문 미래는 불가능한 것을 가정한다. 가정 자체가 이미 지나간 일들을 가정해 보는 것이므로 어차피 불가능하지만 아래의 예에서 볼 수 있듯이 불가능한 가정도 있다.
 여기에 한가지 맹점이 있는데 사실 가능한 것인가 아니면 불가능한 것인가의 관점이 사람에 따라 다르다. 과학적 지식이 풍부한 사람은 가능한 것이 많고 그렇지 않은 사람은 가능하다고 판단하는 것이 적을 것이므로 이러한 판단은 주관적인 판단이 개입된다. 말하는 사람에 따라서 '가정법 미래'로 표현할 수도 있고 아닐 수도 있다.
 그래서 오늘날 가정법 미래는 사실 그 구분이 점점 어려워지고 있다. 일단은 가장 보편적인 표현들 혹은 가장 많이 사용되고 있는 것들의 예를 들겠지만 누구든지 영어 문장을 보고 가정문 미래에 대한 표현이 맞는지 틀리는지 판단하는 것은 쉽지 않다. 이 부분 때문에 영어를 공부하면서 책마다 다르게 표현되고 정의된 것을 보고 혼란을 느낄 수 있다. 가정법 미래의 개념이 모호해 지고 있다.
 일단 표현하는 방법에 있어서 'if 가정법 미래'의 특징은 'if 문장' 안에 'should' 혹은 'would' 조동사를 동사 앞에 둔다는 것이다. 거의 95% 이상 대부분은 'should'를 사용한다고 보면 된다. 이 경우는 일반동사에만 해당한다. 원칙이라고 하지만 문장 그대로를 직역해도 결과적으로 같은 의미가 되므로 해석을 하는 데는 크게 문제될 것이 없다.
 만일 'if' 문장 안에 주어 다음 'be동사'가 온다면 이 'be동사'는 인칭에 상관없이 무조건 'were'를 사용한다. 가정법 과거에서는 인칭에 관계하여 'was'나 'were'를 사용하였지만 가정법미래에서는 오로지 be동사는 'were'만 사용한다.
 일부의 책들은 'be 동사'를 가정문 미래에 사용할 때 무조건 'were to 원형동사'를 사용한다고 표현되어 있는데 그것은 동사가

필요할 때만 하는 것이지 무조건적인 것은 아니다. 예를 들어

I am to go to school.
저는 학교에 다니려고 해요.

이 문장을 가정문 미래로 바꾸면

If I were to go to school.
만일 내가 학교에 다니게 된다면

의 뜻이 된다.

(* 거의 학교를 다시 다니게 될 가능성이 전혀 없는 상황에서 사용할 수 있다. 하지만 마음만 먹는다면 다시 학교를 다닐 가능성이 있다면 가정문 미래보다 그냥 일반 문장으로 'If I go to school' 혹은 'If I am to go to school'이라고 하면 된다.
나이 80에 초등학교를 다시 다닐 수는 없을 것이다. 그럴 때 사용하는 표현이라고 보면 된다.)

 문장 앞에 'if'가 있고 'be동사'를 'were'로 사용했을 뿐이지 그대로 직역을 하면 현재형과 같은 의미가 사용된 것임을 알 수 있다. 이러한 경우 'were + to 원형동사'가 사용되는 것이다. 즉 '만일에 ~ 하려고 한다면'의 내용을 갖는 'if' 가정문 미래는 모두 이렇게 사용한다. 하지만 'be동사' 다음에 명사나 형용사가 오는 경우도 있다. 예를 들어

If I were you.
만일 내가 너라면.

위의 문장처럼 반드시 'were + to'의 형태가 오지 않는다.

(* 아래의 모든 예문은 일반적 가정과 비슷해 보이지만 거의 가능성이 없을 때 사용됨을 알 수 있을 것이다.)

1) 1형식 (P1)

If *I were not born*.
   s   v
내가 만일 태어나지 않았다면

If *she were* to come here.
만일 그녀가 여기에 온다면.

(* 그 여자가 여기에 올 수 없는 거의 불가능한 상황에서 사용한 가정임)

If *something should happen* on the earth in the future.
     s   v
미래에 뭔가가 지구 상에서 발생한다면.

If *I should live* my life again.
내가 인생을 다시 산다면

(* live는 자동사이기 때문에 목적어가 필요 없다. 'my life'가 목적어처럼 보이는데 관용적으로 이렇게 사용한다. 그러므로 이 문장은 1형식으로 볼 수 있다.)

If *I should go*.
내가 꼭 가야만 한다면.

If *anyone should come* to see me.
만일 누구라도 날 보러 오면.

2) 2형식 (P2)

If <u>*I*</u> <u>*were*</u> <u>*a man*</u>.
   s   v   c
만일 내가 남자라면.

If <u>*I*</u> <u>*were*</u> <u>*you*</u>.
내가 너라면.

If <u>*my son*</u> <u>*were*</u> taller than 3m.
내 아들이 3m보다 더 컸다면.

If <u>*you*</u> <u>*should be*</u> <u>*free*</u> tomorrow.
    s   v   c
네가 만일 내일 자유롭게 되면.

3) 3형식 (P3)

If *you* *should change* *your mind*.
    S   V   O
너 마음이 바뀌면.
(* 마음이 거의 바뀌지 않을 것을 알면서)

If *I* *should write* *this paper* again.
내가 이 서류를 다시 써야 하는지.

If *he* *should say* *that*.
그가 그 말을 해야 하는지.

If *you* *should continue* *to do* this project.
    S   V   O
이 프로젝트를 네가 계속 해야만 한다면.

4) 4형식 (P4)

If *I* *should buy* *you* *this*.
   s   v   o1 o2
내가 이 것을 너에게 꼭 사주어야만 한다면.

If *you* *should* *ask* *me* *the problem*.
네가 그 문제에 관해 꼭 나에게 물어야만 한다면.

If *your father* *should make* *me* *a pet house*.
      s   v   o1   o2
만일 너의 아빠가 꼭 나에게 강아지 집을 만들어 주신다면.
(* 아빠가 돌아가셔서 해 줄 수 없는 상황과 유사한 불가능의 상태임을 알 수 있다.)

5) 5형식 (P5)

If *I* *should make* *you* *happy*.
   s   v   o   c
내가 너를 행복하게 하여야 한다면.

If *they* *should let* *us* *sing*.
그들이 우리에게 꼭 노래를 시킨다면.

If *my girlfriend* *should want* *me* *to stay* here.
만일 내 여자친구가 내가 떠나지 않기를 바란다면.

If *your father* *should* want you *to be* a violinist.
너의 아버지는 네가 바이올리니스트가 되기를 바라시는지.

If *my mom* *should ask* *me* *to cook*.
우리 엄마는 내가 요리하기를 바라시는지.

If *my father* *should help* *me* *do* homework.
우리 아빠는 내가 숙제 하는 걸 도울 수 있는 건지.

Chapter 4. if 를 포함하는 복문장
(chapter 2,3에서 배운 문장을 연결하여)

우리가 가정법 중에서 'if 문장'을 배운다는 궁극적인 목표는 아마도 'if'를 포함하는 복문장일 것이다. 복문장이란 2개 이상의 단문장이 모여서 만들어진 문장을 말한다.

'if'를 포함하는 복문장은 적어도 앞에서 배운 'if'를 포함하는 조건의 문장과 그 가정에 따른 결과의 문장으로 구성이 되는 것을 의미한다. 즉 'if'가 포함된 '조건절'과 그 결과의 문장인 '결과절(혹은 종속절)'로 나누어 진다.

이렇게 2개의 문장을 연결하는 것은 **Chapter 2**와 **3**에서 배운 것을 그대로 나열하는 아주 단순한 일이다. 가정법을 잘 이해하지 못한다면 그 이유는 가정을 하는 조건의 문장과 그 결과의 문장 구조, 그리고 동사의 시제를 완벽하게 이해하지 못하기 때문이다. 특히 동사의 시제를 완벽하게 이해한다면 가정법은 그리 어려운 문장이 아니다.

위의 공부 순서는 이해를 돕기 위해 현재형부터 시작하였으나 이제부터는 가정법 과거부터 시간의 흐름이 이해하기 편한 순서로 싣는다.

4.1 if 가정문 과거형

if가정문 과거형은 과거에 발생한 사실에 대하여 다르게 가정해 보는 것이다. 그러나 그 가정에 대한 결과는 지금까지 영향을 끼치고 있는 경우이다. 그러니까 그 결과의 말은 우리말로 해보면 마치 현재와 같은 시제로 말하게 된다. 그래서 가정법과거는 현재 사실에 대한 반대라는 말이 나온 것이다.

하지만 영어문장을 면밀하게 살펴보면 또 우리말도 자세히 그 내용을 생각해 보면 발생한 시점도 과거지만 그 결과도 단 1초라도 과거에 발생한다. 그래서 얼핏 혼동이 되는 경우가 많다. 가정이 과거인데 그 결과가 미래일 수는 없다.

결론적으로 'if 가정문 과거형'은 과거의 어느 사실을 다르게 가정해 보는 것이고 그 결과 현재가 다르게 바뀌었으면 하는 마음으로 혹은 현재가 어떤 상태가 되었을까 하는 마음으로 가정해 보는 것이다.

뒤에 설명하겠지만 'if 가정문 과거완료형'은 과거에 발생한 상태가 어느 정도 지속되고 있었다는 가정을 의미한다. 가정법 과거와 차이가 있다면 단순 과거의 사실이냐는 것과 그 과거의 사실이 한동안 지속된 상태였냐를 가정하는 것이다. 그 결과는 지금까지 영향을 줄 수도 있고 아닐 수도 있다. 예를 들면 '크레오파트라의 코가 낮았다면…'이라는 가정은 그 결과에 의해 역사가 바뀌었다는 이야기를 하고 싶었을 것이다. 그러므로 그 결과는 당시 그 후 어떤 결과가 바뀌었다고 가정해 보는 것이다. 물론 그 결과가 지금까지 영향을 줄 수도 있겠지만. '가정법 과거완료'는 '가정법 과거'와 기본적으로 같으며 어떤 상태가 지속된 상태임을 가정하고 싶을 때 사용한다.

P1 + P4

If *you came* to class, *teacher would not tel*l *your parents*.
만일 네가 수업에 들어왔다면. 선생님은 너의 부모에게 말하지 않았을 거야.
(* 선생님이 부모에게 말하지 않은 내용은 수업에 왔었다는 사실이므로 여기서는 생략된 것이다. 즉 4형식의 간접목적어는 있지만 직접목적어가 생략된 것이다.)

P1 + P2

If *your dad came* to the committee, *it would be nice*.
만일 너의 아빠가 위원회에 오셨다면 좋았을 텐데.

P1 + P2

If *she came*, *I should be happie*r.
만일 그녀가 온다면 난 확실히 더 행복해 질 거에요.

P1 + P3

If *they went* to see a movie yesterday, *they might find us*.
그들이 어제 영화 보러 갔다면 우리를 봤을 지도 몰라.

P1 + P2

If *I was married*, *I could be happy*.
내가 결혼했다면 행복할 수 있는데.

P1 + P2

If *my father walked* in the park every day for his health with me, *he could get well*.
만일 아빠가 건강을 위해서 나랑 매일같이 공원을 산책하였다면 아빠는 좋아질 수 있습니다.

P1 + P4

If *I was* to fill my car up the gas , *it could cost me 100,000 won*.
내 차에 기름을 가득 채우려면 10만원으로 할 수 있습니다.

P3(if문장 P1- if문장 P1)
I can't remember if *my friend Jake was* there or if *Jane came* later.
난 내 친구 Jake가 거기 에 있었는지 Jane이 늦게 왔는지 기억을 할 수가 없어.

P3(P1) + if 문장 P1
My father thought that *I'd be* at a disadvantage if I wrote left-handed
아빠는 내가 왼손으로 쓰면 불이익이 있을 거라고 생각하셨을 거에요.

P2 + P1

If *I was happy*, *I would always be* with you.
내가 만일 행복하였다면 나는 항상 너와 함께 있었을 거야.

P2 + P1

If *you were sad* then, *I should come* to you.
만일 네가 그 때 슬펐다면 내가 너에게로 갔어야 했어.

P2 + P4(P3)

If *he was ready* to go there, *he should tell you what he did with you*.
만일 그가 거기에 갈 준비가 되었다면 그는 너와 함께 무엇을 할 것인지 너에게 말을 했어야만 했어.

P2 + P1
If *it was cold* yesterday, *we might not play* outside with you.
만일 어제 추웠다면 우리는 너와 밖에서 놀지 않았을 지도 몰라.

P2 + P1
If *he was being a woman* then, *all of us might be surprised*.
만일 그가 그때 여자가 되고 있었다면 우리 모두가 놀랐을 거야.

P2 + P3
If *they were being late* then, *I could pick them* up.
만일 그들이 그때 지각하고 있었다면 내가 태우러 갈 수도 있었는데.

P3 + P2
If *I began with a few facts* about breast cancer, *it might be helpful*.
만일 폐암에 대하여 몇 가지 사실을 갖고 시작했다면 도움이 되었을지도 몰라요.

P3 + P3
If *I changed the computer*, *I should change the password*.
만일 내가 컴퓨터를 바꾼다면 암호도 바꾸어야만 해.

P3 + P5
If *we bought three*, *we would get one free*.
만일 우리가 세 개를 샀더라면 1개는 공짜였을 거야.

P3 + P1

If _I was doing it_ then, _I would not go_ there with you.
만일 내가 그것을 그때 하고 있었다면, 너희들과 함께 거기를 가지 않았을 거야.

P3 + P5

If _you were eating the meal_, _I would not as_k _you to do that_.
네가 음식을 먹고 있었다면 너한테 그거 해 달라고 요구하지 않았을 거야.

P3 + if문장 P3

I would appreciate it if _you could write a letter_ of recommendation for me.
저를 위해 추천서를 써 주실 수 있다면 감사하겠습니다.

P3(P3) + P3(P2)

If _the children began to understand what teacher was saying_, _teacher might explain the problem_ why _it was difficult_.
만일 그 아이들이 선생님이 말씀하신 것을 이해하기 시작하였다면 선생님은 왜 그렇게 어려운지 그 문제를 설명했을지도 몰라.

P2 + if문장 P3(-P3)

I would be bankrupt if _I bought every boo_k my wife _wanted to read_
우리 와이프가 읽기 원하는 모든 책을 다 샀더라면 난 파산했을 거에요.

P4 + P3

If _I sent you a text _then, _you would answer me_.
내가 만일 그 때 문자를 보냈다면 넌 답장을 했을 거야.

P4 + P2

If _you bought me a coffee_, _I might be nice_.
네가 만일 나에게 커피 한 잔을 샀다면 난 기분이 좋아졌을 지도 몰라.

P4 + P3

If _he asked her the question_, _she should explain about it_.
그가 만일 그 여자에게 그 질문을 했더라면 그 여자는 거기에 대하여 설명을 해야만 했어.

P4 + P2

If _my dad told me the story_ on the bed, _I could fall asleep_ well.
만일 아빠가 나에게 침대에서 그 이야기를 해주었다면 나는 잘 잠들 수 있었어.

P4 + P4

If _my dad could tell me the truth_ yesterday,
I could tell him the truth also.
만일 아빠가 어제 진실을 침대에서 나에게 말할 수 있었다면 나도 역시 진실을 말할 수 있었어.

P4 + P1

If _my dad was telling me the story_ on the bed then, _I couldn't sleep_.

만일 아빠가 그때 침대에서 나에게 그 이야기를 들려주고 있었더라면 나는 잠을 잘 수 없었을 거야.

P5 + P2

If *I* *made* *her* *cry*, *sh*e *would* *be* *angry*.
만일 내가 그녀를 울렸더라면 그녀는 화났을 거야.

P5 + P3

If *you* *made* *him* *happy*, *he* *might not leave you*.
만일 네가 그를 행복하게 했다면 그는 너를 떠나지 않았을 지도 몰라.

P5 + P2

If *she* *mad*e *him* *the president*, *sh*e *would* *be* *the first lady* of the country.
만일 그녀가 그를 대통령으로 만들었다면 그녀는 그 나라의 영부인이 되었을 거야.

P5 + P3

If *teacher* *let* *us* *do* homework, *we* *should* *do* *it* before sleeping.
만일 선생님이 우리들한테 숙제를 시켰다면 우리는 자기 전에 숙제를 해야만 했어.

P5 + P3

If *mom* *le*t *dad* *help* me do homework, *he* *would get* home earlier than usual.
만일 엄마가 아빠한테 내 숙제 하는 걸 도우라고 시켰다면 아빠는 평소보다 더 일찍 집에 오셨을 거야.

P5 + P3 + P1

If *mom* *was letting* *dad* *do* dishes then, *he* *should do* *it* without any complain, because *h*e *came* home too late the previous day being too much drunk.

만일 엄마가 그때 아빠에게 설거지를 시켰다면 아빠는 어떤 불평도 없이 해야만 했어. 왜냐하면 아빠가 그 전날 술이 취한 채 너무 늦게 집에 오셨거든.

4.2 if 가정문 과거완료형

'if 가정문 과거완료형'은 과거의 어느 시점에 발생하여 지속되고 있는 상태에 대한 가정을 다르게 해 보는 것이다. 얼핏 보면 'if 가정문 과거형'과 비슷해 보이지만 그것은 과거완료에 대한 이해가 부족해서 생기는 것이다. 과거완료는 우리말에 없는 시제이므로 설명하기도 힘들고 이해하기도 힘들다. 더구나 완료형에 사용되는 동사의 '과거분사'도 우리말에 없는 동사의 형태이다. 그래서 영어를 공부할 때 매우 힘든 부분이 완료형이다. 더구나 가정문일 경우 더욱 이해가 어려울 지도 모른다.

과거완료는 과거의 어느 시점에 지속되고 있는 상태를 설명한 다. 단순한 과거는 과거완료라고 하지 않고 그 상태가 지속되고 유지될 때만 해당한다. 과거분사 자체가 그러한 개념이다.

'if 가정문 과거완료형'의 또 하나의 특징은 그 결과의 문장도 완료형태를 취한다는 점이다. **100%**는 아니고 **70~80%** 이상 완료형태를 취하므로 하나의 공식처럼 사용한다고 볼 수 있다. 아마도 '과거에 어느 상태가 지속된 결과 어떤 상태가 되었을 것이다'라는 가정을 하기 때문이고 그 결과의 문장도 그 상태가 지속되고 있다고 가정하는 것이 두 문장의 균형이 맞다.

아래의 많은 예를 통해서 과거완료가 사용되는 상황을 많이 보는 것이 도움이 될 것이다. 어쩌면 언어를 배울 때 정말 필요한 것은 어떤 상황에서 어떤 말을 하는 지를 아는 것인 지도 모른다.

P1 + P2
If *I had been* with you, *I would have been happy*.
만일 너와 함께 있었다면 난 행복했을 텐데.

(* 'if 조건문'이 과거완료의 형태를 취하고 있고 그 결과의 문장은 현재완료의 형태를 취하고 있다. 그러나 문법적으로는 과거완료라고 한다. 왜냐하면 앞에 'would' 조동사가 과거이기 때문이다. 그래서 '가정법과거완료'라고 하는 것이다.

P1 + P3
If *you had been* in my place, *you could have understood it* enough.
만일 당신이 내 입장이었다면 충분히 이해하였을 것입니다.

P1 + P2
If *your dad had walked* in the park every day, *he might have been healthy*.
만일 너의 아빠가 매일 한동안 공원을 산책하였다면 건강하셨을지도 몰라.

P1 + P3
If *movie star Kim Tae Hee had com*e to the party, *I might have met her*.
영화배우 김태희가 파티에 왔었다면 내가 그 여자와 만났을 지도 몰라요.

P2 + P4
If *I had been rich, I could have bought you a brand new car*.
내가 부자였더라면 그녀에게 좋은 새 차를 사줄 수 있었을 텐데.

P1 + P3(P2)
If *this doll* *had come out* 10 years ago, *I* *don't think* *it would have been* *very popular*.
이 인형이 10년 전에 나왔으면 매우 인기를 끌었을 거라고 난 생각하지 않아.

(* 생각한 시점이 지금이기 때문에 현재형이고 인형이 나온 건 과거의 지속된 상태라서 완료형을 사용했으며 그 결과도 지속된 상태라 완료형을 사용했다.)

P2 + P5
If *you* *had been* *alive*, *I* *would have made* *you* *happy*.
당신이 살아있다면 나는 당신을 행복하게 해 주었을 거야.

P2 + P3
If *he* *had been* *a doctor*, *he* *could have* *healed of* *my mom*.
그 사람이 의사였다면 우리 엄마를 치료할 수 있었을 텐데.

P2 + P3
If *she* *had looked* *beautiful*, *he* *might have fallen in* *love* with her.
그녀가 아름답게 보였다면 그 사람은 사랑에 빠졌을지도 몰라.

P2 + P5
If *you* *had been* *bankrupt*, *your friends* *would have helped* *you* *to stand* alone again.
당신이 파산한 상태였다면 당신 친구들이 당신이 홀로 다시 설수 있도록 도와주었을 겁니다.

P2 + P1
If *I* *had not been* *able* to walk, *I* *should* *have stayed* only home all the time because *nobody* *was* around me.
내가 걸을 수가 없는 상태였다면 오로지 집에만 항상 머물러 있었어야만 했어 왜냐하면 내 주변에는 아무도 없었거든.

P3 + P2
If *you* *had begun* to walk every day, *you would have felt better* before.
네가 산책을 시작하였다면 네가 전보다 기분이 나아졌을 거야.

P3 + P3
If *you* *had bought* only *one share* of Samsung years ago, *you could have made much money*.
만일 네가 몇 년 전 삼성주식을 단 한 주라도 샀다면 넌 돈을 좀 벌 수 있었지.

P3 + P1
If *he* *had written* *the letter*, *this* *would have been* around here.
만일 그가 그 편지를 썼더라면 이 편지가 우리 주변 어딘 가에 남아있을 거야.

P3 + P3
If *she* *had loved* *me*, *I* *might have married her*.
그녀가 만일 나를 좋아했더라면 난 그녀와 결혼을 했을 지도 몰라.

P3 + P3
If *I* *had been writing* *the diary* every day, *my son* *would have written* *it* also like me.

내가 매일 일기를 쭉 써왔더라면 우리 아들도 나처럼 일기를 쭉 썼을 거야.

P3(P3) + P3

If _he had bought the thing_ that _I had wanted to use_, _I should have thanked him_.
만일 내가 사용하기를 원해왔던 것을 그가 사놓은 거라면, 난 그에게 감사를 해야만 했어.

P4 + P3

If _I had given him a help_, _he could have got out of difficulties_.
내가 그에게 도움을 주었더라면 그는 곤란에서 벗어날 수 있었을 거에요.

P4 + P3

If _you had sent me_ only _a message_, _I might have understood your situation_.
만일 당신이 나에게 하나의 메시지라도 보냈다면 난 당신의 상태를 이해했을 지도 모릅니다.

P4 + P4

If _he had asked you the problem_, _you could have given him a good solution_.
만일 그가 너에게 그 문제에 관해 물었더라면 넌 좋은 해결방법을 그에게 주었을 수 있었지.

P4 + P3

If _my dad had told us his experiences_, _we would not have made same mistakes_ again.

만일 아빠가 우리들한테 자신의 경험을 이야기해 주셨더라면 우리는 같은 실수를 다시 하지 않았을 거야.

P4(P3) + P3 + P3
If *my dad had been telling us his much experiences* that *he had got* in his life, *we would have respected* and *remembered him* much more.
만일 아빠가 우리들한테 자신이 인생에서 겪은 풍부한 경험들을 우리들한테 쭉 이야기 하셨더라면 우리는 아빠를 더욱 존경하고 더 많이 기억했을 것입니다.

P4 + P3(P3)
If *the police had showed me the photo,* I *might have foun*d *the suspect* in it *who they had been looking for*.
만일 경찰이 나에게 그 사진을 보여주었더라면 그들이 정말이지 늘 쭉 찾았던 그 용의자를 발견했을 지도 모릅니다.

(* 'they had been looking for' 문장은 they are looking for'문장에서 'be동사' 'are'를 과거완료로 바꾼 것이라고 생각하면 이해가 쉽다. 즉 진행형 상태가 과거에서 과거 어느 시점까지 지속되었다는 의미이다. 직역하면 아무 것도 안하고 오로지 그것만 한 것이 되므로 지극히 강조하거나 과장할 때 사용하는 표현이다. 자주 사용하면 억지스럽거나 촌스러우니까 사용하지 않는 것이 좋다. 이러한 것을 '과거완료진행형'이라고 한다.)

P4 + P2
If *we had given students more support* in the beginning, *things would have been different*.
우리가 시작하는 시점에 학생들에게 좀 더 도와주었으면 결과가 달라져 버렸을 거에요.

P5 + P3

If *I had made her happy*, *she would have married me*.
내가 만일 그녀를 행복하게 해 주었더라면 그녀는 나와 결혼했을 것이다.

P5 + P3

If *we had made him the president*, *he would have done his best* for our community.
우리가 만일 그를 회장으로 만들었다면, 그는 우리 공동체를 위해 최선을 다했을 것이다.

P5 + P1

If *you had made babies cry* every day, *you should have been fired*.
만일 당신이 아이들을 매일같이 울렸더라면 당신은 해고당해야만 했습니다.

P5 + P3

If *teacher had let us do* English homework every day, *we would have improved speaking* English.
만일 선생님이 우리들한테 매일 영어 숙제를 시켰다면 우리는 영어 실력이 향상되었을 것입니다.

P5(P3) + P3

If *he had let her sing* songs *what she liked*, *she could have sung them* very well.
만일 그가 그녀에게 좋아하는 노래들을 시켰더라면 그녀는 정말 그 노래들을 잘 부를 수 있었습니다.

P5(P3) + P2
If *he* *had been letting* *her* *sing* songs every day *that* *she liked*, *she* *might have been* *a* *professional singer*.
만일 그가 좋아하는 노래들을 엄청 시켰다면 그녀는 직업가수가 되었을 지도 몰라.

4.3 if 가정문 현재형

'if 가정문 현재형'은 문장의 시제가 현재형이지만 내용상 미래가 된다. 이것은 우리말도 마찬가지이다. 'when 의문문'처럼 앞으로 다가올 것을 전제로 하기 때문이다. 문장의 구조가 쉽고 우리말과 비슷하기 때문에 'if' 가정문 중에서 가장 이해하기 편하다.
  당연히 그 결과의 문장은 미래형으로 표현한다.

예문)

P1 + P2
If *you come* near to me tomorrow, *I will be able* to find you in public.
내일 네가 근처에 오면 군중 속에서 내가 너를 찾을 수 있을 것이다.
(* I can find you in public.
   이렇게 표현해도 된다.)

P1 + P2
If *they come* together, *it may be difficult*.
그들이 같이 오면 곤란할지도 몰라.

P1 + P3
If *my father cooks*, *I will do dishes*.
만일 아빠가 요리를 하면 난 설거지를 할거야.

P1 + P1
If *she doesn't come* tomorrow, *I will go* to see a movie alone.
그녀가 내일 오지 않는다면 나는 내일 나 혼자서 영화를 보러 갈 것이다.

P1 + P5
If *my father comes in*, *let me know* please.
아빠가 들어오시면 저에게 알려주세요.

(* 이 문장에서 보듯이 if 가정문 현재 문장이라고 해서 무조건 결과의 문장이 조동사 will, shall, can, may, must 등이 오는 것이 아니다. 내용 상으로 보아 앞으로의 일이 발생하는 내용이 올 수도 있다. 이 문장은 'let' 사역동사가 사용된 일종의 명령문(완곡한 명령문이라 하여 간접명령문이라 함)이 온다면 앞으로 다가올 비록 가까운 미래지만 미래형 조동사가 없어도 된다.)

P1 + P3 + P1
If *she comes*, *we'll pick up* and *leave*.
그녀가 오면 우리는 그녀를 태우고 떠날 거에요.

P2 + P3(P2)
If *I am happy*, *I will do everything* as long as *it is not bad*.
내가 행복하다면 나쁘지 않는 한 난 뭐든지 할 것이다.

P2 + P3
If *you are busy* tomorrow, *we may have dinner* without you.
만일 네가 내일 바쁘다면 너 없이 우리가 저녁을 먹지도 모른다.

P2 + P1
If *he* *is* *lucky*, *he* *will win* in the end.
만일 그에게 행운이 있다면, 그는 결국 이길 것이다.

P2 + P3
If *your girlfriend* *is* *sad*, *you* *shall comfort her*.
만일 네 여자친구가 슬프다면 넌 그녀를 위로하여야만 할 것입니다.

P2 + P4
If *I* *feel* *so hungry*, *I will ask* *her to cook* noodles.
만일 내가 배고파 지면 그 여자에게 국수를 요리해달라고 요청할 것입니다.

P2 + P3
If *you* *look* *not so good*, *we* *can cancel* *the* *reservation* for the party tonight.
만일 네가 안 좋게 보이면 우리는 오늘 밤 파티를 위한 예약을 취소할 수 있어.

P2 + P5
If *your dad* *has got* *tired* these days, *you* *shall make* *him* *take* a rest for the time being.
만일 네 아빠가 요즘 피곤 하시면 넌 아빠가 당분간 휴식을 하도록 해야만 해.

P2 + P3
If *you* *can be* *ready*, *we* *will start* *playing* the performance.
만일 네가 준비가 된다면 우리는 연주를 시작할 거야.

P2 + P3

If *we* *are* *able* to play the guitar, *we* *will* *perform* *with* *them* on the stage soon.
만일 우리가 기타를 치게 된다면 우리는 그들과 무대에서 곧 연주를 함께 하게 될 거야.

P3 + P1

If *you* *begin* *with* *certainties*, *you* *shall* *end* in no doubts.
여러분들이 확실한 것들을 갖고 시작한다면 반드시 여러분들을 의심 없이 끝내야만 합니다.

P3 + P1

If *you* *change* *a file*, *it* *will be backed up* automatically.
만일 파일을 변경하면 자동으로 백업될 거에요.

P3 + 명령문 P2 + P1

If *you* *write* *more than one*, *be* *sure* *they* *are numbered*.
하나 더 쓰게 되면 번호를 매기는 것을 확실히 해야 합니다.

P3 + P3

If *I* *eat* *this*, *I* *shall cook* *it* for my friends.
내가 이 것을 먹는다면 내 친구들을 위해 이 것을 요리해야만 합니다.

P3 + P5

If *you* *don't want* *it*, *you* *can ask* *them* *to refund*.
만일 네가 원하지 않는다면 그들에게 환불을 요구할 수 있어.

P3 + P2

If *my brother* *drinks* *Soju*, *his face* *will turn* *red*.

만일 동생이 소주를 마시면 그의 얼굴은 빨개질 거야.

P3(P3) + P3(P3)
If *you* *don't understand* *what* *I* *am saying*,
I *will explain* *you* again and again until *you* *have got* *it*.
만일 당신이 내가 말하는 게 이해되지 않는다면 네가 이해가 될 때가지 여러 번 너에게 다시 설명할 거야.

P3(P3) + P5
If *students* *don't know* *who* *has* *written* *it*, *teacher* *will* *ask* *him* *to make out* it.
만일 학생들이 누가 써놓았는지 모른다면 선생님은 그분에게 밝혀달라고 요청할 것입니다.

P3 + P3
If *your daughter* *cooks* *noodles* in a bit of olive oil, *your husband* *can enjoy* *it* very much.
너의 딸이 올리브 오일을 넣고 국수를 요리하면 네 신랑이 아주 잘 먹을 거야.

P3(P3) + P3
If *she* *has cooked* *noodles* that *I* *like*, *I* *will* absolutely *enjoy* *it*.
만일 그녀가 내가 좋아하는 국수 요리를 해 놓았다면 당연히 즐기면서 먹을 거에요.

P3 + P4
If *she* *can cook* *noodles, I* *may* *ask* *her* *to* *cook* it for me.
그녀가 국수를 요리할 수 있다면 나는 그녀에게 나를 위해 요리해 달라고 요구할 지도 몰라.

P3 + P3(P3)

If *my brother* *is losing* *the game*, *he* *shall give up* *this* before *he* *loses* *the money* all.
만일 동생이 게임을 지고 있다면 돈을 모두 잃기 전에 이 것을 포기해야만 합니다.

P3 + P2

If *you* *begin* *cooking* it after dinner, *it* *should be* *ready* to eat by next morning.
저녁 먹고 요리가 시작되었다면 다음 날 아침까지는 먹을 준비가 되어 있어야만 합니다. (요리 시간이 매우 길어 그 다음 날 먹는 상황)

P1 + if 문장 P3

I am going to pay more if *it* *costs* *more*.
비용이 더 들면 더 낼 거에요.

P3 + if 문장 P3

*Yo*u *need* *to pay* 100,000 won more if *you* *change* *your flight schedule*.
만일 당신의 비행 일정을 바꾸시려면 10 만원을 더 내셔야 합니다.

(* if 문장을 뒤에 위치하는 경우는 앞의 문장이 뒤의 문장보다 중요한 의미이기 때문이다. 이처럼 영어에서 복문장도 중요한 순서로 나열한다. 무조건 if 문장을 앞에 위치하는 것은 아니다.)

P3 + if 문장 P3

Buy *the better one* if *it* *costs* *the same*.
같은 값이면 더 좋은 것으로 사세요.

P2 + if 문장 P3
You should be clear in saying no if *you don't want it*.
싫으면 아니라고 말해서 깔끔하게 해야 합니다.

P2(if 문장 P3)
Would it be O.K if *I write my comments* in the margins?
제가 여백에 제 의견을 써도 괜찮은가요?

P3(if 문장 P3)
Do *you mind* if *I open the window*?
제가 창문을 열어도 괜찮으시겠어요?
(* 직역하면 '~~ 신경이 쓰이시나요?'의 의미이므로 대답은 신경이 쓰이지 않으면 'no', 신경이 쓰여서 동의하지 않는다면 'yes'라고 한다. 혼동할 수 있으므로 주의해서 대답하여야 한다. 무심결에 'yes'하면 질문한 사람이 '창문을 열지 않을 것이다)

P3-P3 + P3 + P1-P5 (5개 문장)
However, if *you change plans* and *catch the earlier flight*, *you should call me* at the office, and *I'll come* home for lunch and *let you in*.
그러나 만일 계획을 바꾸어 빠른 비행기를 잡으면 사무실에서 나에게 꼭 전화해야 해요. 그러면 점심을 위해서 집에 먼저 간 후 당신이 오도록 하세요.

P2(P3) + even if 문장 P2 + P1 + if 문장 P4
(5개 문장)
That's what they say, but even if *it's a bad movie*, *we can't be too disappointed,* if *it costs us only 2,000 won* to get in

사람들이 말하는 게 이거에요. 그렇지만 영화가 나쁘다 할지라도 우리는 너무 실망할 수가 없을 거에요. 겨우 2,000원 내고 들어 간 거라면 말이지요.

P4 + P2

If _I give mom a call_, _she will be glad_.
만일 엄마에게 전화를 드리면 엄마가 기뻐하실 거야.

P4 + P4

If _you tell me the truth_ someday, _I will tell you another story_.
언젠가 네가 나에게 진실을 말한다면 나는 너에게 다른 이야기를 들려줄 거야.

P4 + P2 + P3

If _he sends me a text_, _I will be happy_ then _answer him_.
만일 그가 나에게 문자를 보낸다면 나는 행복할 거야 그리고 그에게 답장을 보내야지.

P4 + P4

If _she buys me a coffee_ tomorrow, _I will treat her to lunch_.
만일 그 여자가 내일 아침 나에게 커피를 산다면 그 여자에게 점심은 내가 대접할 거야.

P4 + P3

If _teacher asks us the problem_ next week, _we shall answer it_.
만일 선생님이 다음 주 그 문제를 물어보시면 우리는 대답을 해야만 해.

P4 + P3(P3)

If _the police asks us the car accident_, _we can explain_ where and when _we have seen it_.

만일 경찰이 그 교통사고에 대하여 묻는다면 우리가 언제 어디서 목격했는지 설명할 수 있습니다.

P4 + P1 + P3
If *my girlfriend is cooking my mom noodles* now, *my mom will be pleased* and *enjoy it*.
만일 여자친구가 엄마에게 국수를 만들어주고 있다면 엄마는 기뻐하고 맛있게 드실 것입니다.

P4 + P5
If *my girlfriend can cook me noodles*, *I may ask her to cook* it from time to time.
만일 여자친구가 나에게 국수를 요리해 줄 수 있다면 수시로 여자친구한테 국수를 만들어 달라고 요구할 지도 몰라.

P5 + P5
If *I make her sad, she may leave me blue*.
만일 내가 그녀를 슬프게 한다면 나를 우울하게 하고 떠날지도 몰라요.

P5 + P3
If *you make mom cry, she will have a broken heart*.
만일 네가 엄마를 울린다면 엄마는 상심할 거야.

P5 + P3
If *mom lets me sing* the song, *I will do* for her with no hesitation.
만일 엄마가 나에게 그 노래를 하라고 하면 망설임 없이 엄마를 위해 노래할 거에요.

P5 + P5

If _they_ _help_ _us_ _clean_ the class room, _we_ _shall help_ _them_ _do_ anything.
만일 그 사람들이 우리가 교실 청소 하는 걸 돕는다면 우리는 어떤 것이라도 그 사람들을 도와야만 합니다.

P5 + P3

If _dad_ helps _mom_ _do_ dishes, _sh_e _can take_ _a rest_ for a while.
만일 아빠가 엄마 설거지 하는 걸 돕는다면 엄마는 잠시 동안 쉴 수가 있습니다.

P5 + P1

If _he_ _has left_ _you_ _blue_, _I_ _will be_ there right away.
만일 그 사람이 너를 우울하게 하고 떠난 상태라면 즉시 그리로 갈게.

P5 + P3

If _my girlfriend_ _has wanted_ _me_ _to stay_ here, _I_ _will never leave_ _her_ _alone_.
만일 내 여자친구가 내가 가지 않기를 원해왔다면 나는 그녀를 혼자 두고 결코 떠나지 않을 것입니다.

P5 + P3

If _dad_ _can help_ _mom_ _cook_, _sh_e _will save the time_ for dinner.
만일 아빠가 엄마 요리하시는 걸 도울 수 있다면 엄마가 저녁 식사를 위한 시간을 절약할 것입니다.

P5 + P2
If *dad* *is helping* *my brother* *do* homework, *I* *will be able* to study English for exam.
만일 아빠가 동생 숙제 하는 걸 돕고 있으시다면, 난 시험을 위해 영어 공부가 가능해 질 것입니다.

4.4 if 가정문 미래

'if 가정문 미래'의 단문장에서 설명한 바와 같이 가정문 미래는 불가능한 미래를 가정해 보는 것이고 그 결과의 문장은 'will(would), shall(should), can(could), may(might)'의 조동사를 동사 앞에 둔다. 이 규칙은 특별히 익힐 필요는 없다. 직역을 해 보면 그럴 수 밖에 없기 때문이다.

보통은 과거형인 'would, should, could, might' 등이 많이 온다. 우리말로 보면 마치 미래의 내용인 것처럼 보이지만 명백한 미래가 아닌 현재라도 당장 이루어지기를 원하는 희망 사항이라면 과거형을 주로 사용한다. 심지어는 일부 문법책에서는 과거형만 온다고 써있기도 하지만 내용에 따라 미래형이 올 수도 있다. 어떤 경우에는 조동사 없이 그냥 평서문이 오기도 한다.

결과적으로 앞의 'if 조건문'에 따라 그 결과의 문장에 맞게 오는 것이지 꼭 위의 원칙이 적용되는 것은 아니다. 그 내용상 위의 조동사들이 올 가능성이 높은 것이지 그렇지 않다고 틀린 것은 아닌 것이며 다른 상황의 문장도 내용에 따라 올 수 있는 것이다.

예문)

P1 + P3

If *I were not born*, *I would not marry Jane.*
내가 만일 태어나지 않았다면 Jane이랑 결혼하지 않았을 거야.
('했을 거야'의 의미지만 우리말로 할 때는 이렇게 그냥 현재형으로 번역하는 것이 어울린다. 그래야 지금이라도 그렇게 하고 싶다는 의미가 된다.)

P1 + P3

If *she were* to come here, *I could have a beautiful dinner* with her.
만일 그녀가 여기에 온다면 아주 멋진 저녁을 그녀와 함께 할 수 있어.
(* 그 여자가 여기에 올 수 없는 거의 불가능한 상황에서 사용한 가정임)

P1 + P4(P2)

If *anyone should come* to see me, *tell him I will be back* in a few seconds.
만일 누구라도 날 보러 오면 그 사람한테 금방 돌아온다고 말해줘.
(내용상 명백히 미래이므로)

P1 + P2

If *something should happened* on the earth in the future, *it may be the end* of the world.
미래에 뭔가가 지구 상에서 발생한다면 지구의 종말이 될 지도 몰라. (내용상 명백한 미래이므로)

P1 + P3

If *I should live* my life again, *I want to be* a pianist.
내가 인생을 다시 산다면 피아니스트가 되고 싶어.

(* 'want' 자체가 앞으로 다가올 상황을 의미하므로 구태여 앞에서 말한 조동사들이 사용되지 않은 것이다.
* live는 자동사이기 때문에 목적어가 필요 없다. 'my life'가 목적어처럼 보이는데 관용적으로 이렇게 사용한다. 그러므로 이 문장은 1형식으로 볼 수 있다.)

P1 + P3

If *I should go*, *I need to check* my all schedule.
내가 꼭 가야만 한다면 나의 모든 일정을 검토해야 해.

P2 + P1

If *I were a man*, *I would travel around Europe* alone.
만일 내가 남자라면 혼자서 전 유럽을 여행할 거야.

P2 + P1

If *I were you*, *I might not be* there.
내가 너라면 거기에 가지 않았을 거야.
(없었을 거야)

P2 + P5

If *my son were smarter*, *I want him to be* a scientist.
내 아들이 좀 더 똑똑했다면 걔가 과학자가 되었으면 좋겠어.

P2 + P1

If *you should be free* tomorrow, *we can be* together home all day long seeing movies and eating sweet cookies.

네가 만일 내일 자유롭게 되기만 한다면 우리는 영화 보고 맛있는 과자 먹으면서 하루 종일 집에 같이 있을 수 있는데.

P3 + P3

If *you* *should* *change* *your* *mind*, please *call* *me* *to* *go* *out* together.
너 마음이 바뀌면 같이 외출하려고 하니까 전화해.
(* 마음이 거의 바뀌지 않을 것을 알면서)

P3 + P3

If *I* *should* *write* *this* *paper* again, then *I* *shouldn't* *do* *anything* for this weekend.
내가 이 서류를 다시 써야 하는지, 그러면 난 이번 주말은 아무 것도 하지 말아야만 해.

P3 + P3

If *he* *should* *say* *that*, *I* *will* *not* *hea*r *what* *he* *is* *saying* about that.
그가 그 말을 해야 하는지, 난 그가 그것에 관해 말하려 하는 것을 듣지 않을 거야.

P3 + P5

If *you* *should* *continue* *to* *do* this project, *I* *would* *let* *him* *help* you be able to do it.
이 프로젝트를 네가 계속 해야만 한다면 내가 그 사람한테 네가 할 수 있도록 도와주라고 시켰을 거야.

P3 + if문장 P3

I *am* *beginning* *to* *wonder* if *I* *should* *write* *paper*.
내가 서류작업을 하게 되면 난 걱정이 시작될 겁니다.

P4 + P3

If *I should buy you this I would buy new one* for you.
내가 이 것을 너에게 꼭 사주어야만 한다면 너한테 새 것으로 사 줄 거야.

P4 + P3

If *you should ask me the problem, I can answer you* anytime.
네가 그 문제에 관해 꼭 나에게 물어야만 한다면 너에게 언제든지 답 해줄 수 있어.

P4 + P3

If *your father should make me a pet house, my father would thank him* very much.
만일 너의 아빠가 꼭 나에게 강아지 집을 만들어 주신다면 우리 아빠가 너의 아빠한테 너무나 고마워 하실 거야.

P5 + P3

If *I should make you happy, I have to get* a job, work harder and study.
내가 너를 행복하게 하여야 한다면 직업이 있어야만 하고 열심히 일하고 공부해야만 해.

P5 + P3

If *they should let us sing, we need to performance with* them.
그들이 우리에게 꼭 노래를 시킨다면 우리는 그들과 함께 합주할 필요가 있어.

P5 + P3

If *my girlfriend* *should want* *me* *to stay* here, *I* *could give up* *my current situation* all.
만일 내 여자친구가 내가 떠나지 않기를 바란다면 나는 지금의 상황을 모두 포기할 수 있어.

P5 + P3(P3)

If *your father* *should want* *you* *to be* a violinist, *you become* *a great musician* because *you* *like* *music* very much.
네가 바이올리니스트가 되기를 아빠가 바라신다면 너는 훌륭한 음악가가 될 거야 너는 정말 음악을 좋아하니까.

P5 + P4

If *my mom* *should ask* *me* *to cook*, *I* *could* *cook* *her delicious noodles*.
우리 엄마는 내가 요리하기를 바라시는지 그러면 내가 엄마에게 맛있는 국수를 만들어 드릴 수 있는데.

P5 + P3

If *my father* *should help* *me* *do* homework, *he would have even only watched* TV at home all day long even though Sunday.
우리 아빠는 내가 숙제 하는 걸 도울 수나 있는 건지, 아마 일요일임에도 불구하고 집에서 하루 종일 심지어는 주구장창 **TV**만 보실 거야.

Chapter 5. wish 가정문

'wish' 동사를 이용한 가정문의 특징은 대개 동사의 뒤에 문장이 온다. 이것은 너무나 자연적인 형태로 우리말로 해도 그렇게 문장이 올 수 밖에 없다. 바라는 내용 자체가 서술적이기 때문이다. 일반적으로 기존 문법에서는 'wish' 동사 다음에는 절이 온다고 표현되어 있다. 그리고 그 뒤에 오는 문장(절)은 통상적으로 '과거형' 시제를 취하고 있다. 일부의 문법책에서는 단정적으로 과거의 시제가 온다고 말하고 '과거는 현재 사실의 반대를 의미한다'라고 설명되어 있는데 얼핏 이해하기 힘든 표현이다. 현재 사실의 반대가 왜 과거인지 왜 과거로 말하는 지에 대한 설명이 구체적으로 설명되어 있지 않다.

일단 'wish' 다음에 오는 문장은 대부분이 과거형이지만 그렇지 않은 경우도 많다. 이 다음에 소개되는 문장은 과거형을 중심으로 소개되지만 과거형 시제가 아닌 경우도 소개될 것이다.

여기서 또 하나 'wish'에 대해 덧붙이자면 문장이 아닌 경우도 의외로 많다. 이럴 때는 아래의 예제처럼 5형식처럼 사용하면 된다.

I wish you a merry Christ Mas.

이 문장은 5형식이며 merry'를 형용사로 보아 'a merry Christ Mas'라고 사용했다.

5.1 wish 단문장

문법에 보통 wish 다음에는 문장(절)이 온다고 기술된 책이 많지만 실제로 단문장으로 쓰이는 경우도 아주 많다. 우리가 흔히 크리스마스나 연말연시에 사용하는

I wish you a merry Christmas.
I wish you a Happy New Year.

문장이다. 이것은
'주어＋동사＋목적어＋목적보어 ; P5
'~에게 ~을' 바란다'라고 구성된 것이다.

예문)
I wish to travel Europe.
s   v   o
나는 유럽여행을 하기 바래.

(* 이 문장은 P3형식이며 'to 부정사'가 'wish'의 목적어로 사용되었다.)

I wish you both the best.
s v   o   c
나는 너희 둘 다 최고가 되기를 바래.

(* 이 문장은 'you'가 'the best'가 되기를 바라는 것이므로 P5로 볼 수 있다. 'both'는 'you 너희들' 둘 다를 강조하기 위해 한번 더 사용했다.

My friends and I wish her the best of luck
        s   v   o   c
in the future.
내 친구들과 나는 그녀가 앞으로 최고의 행운이 있기를 바랍니다.

(* 이 문장도 위와 같이 P5 문장으로 볼 수 있다.)

I wish him to go home.
s   v   o   c
나는 그가 집에 갔으면 좋겠어.

5.2 wish 복문장

wish 다음에 문장(절)이 오는 경우가 가장 흔하다. '바란다'는 의미인 'wish'의 의미로 볼 때 어떤 상황을 바라는 것이므로 문장이 올 가능성이 매우 높다. 이러한 바램은 보다 구체적이기 때문이다. 여기서는 그 뒤에 오는 문장의 시제에 따라 종류를 구분하였다.
wish 다음에 오는 문장 전에 관계대명사 'that'을 사용하여야 하지만 보통 생략한다. 'wish'의 목적어로 문장이 왔기 때문에 'wish'의 '목적절'이라 할 수 있다.

5.2.1 wish 다음 현재형이 오는 경우
'wish' 다음에 현재형 문장이 오는 경우는 앞으로 일어날 일에 대한 바램이다. 구태여 미래형으로 표현하지 않는다. 물론 미래형 문장이 오는 경우도 아래 단원에서 그 예가 나오겠지만 그런 경우는 아주 먼 미래 즉 확실하지 않거나 언젠가 올 것이라는 기대를 강조하기 위하여 사용된다. 우리말도 어떤 미래에 대한 기대를 표현할 때의 문장은 현재로 표현함을 알 수 있다.
영문법에는 흔히 'wish' 다음에는 과거의 문장(절)이 온다고 표현되어 있다. 거의 대부분이 그렇긴 하지만 그렇다고 완전히 현재형이 없지는 않다. 확실하게 미래에 다가올 바램 즉 명백한 미래의 내용은 현재형으로 표현된다.

예문)

1) wish + 문장(P1)
I wish *I can live there someday*.
s   v   o(s + v)
나는 언젠가 그 곳에서 살 수 있기를 바래.

2) wish + 문장(P1)
I wish *I may live there someday*.
s v   o(s + v)
나는 언젠가 그 곳에 살게 될 지도 몰라.

3) wish + 문장(P2)
I wish *this may be true*.
s v   o(s + v + c)
나는 바래 이 것이 사실일지도 모른다는 것을.

4) wish + 문장(P3)
I wish *I can meet you*.
s v   o(s + v + o)
너를 만날 수 있으면 좋겠어. (언젠가)

5) wish + 문장(P4)
I wish *I can send you this*.
s v   o(s + v + o + o)
내가 너에게 이 것을 보낼 수 있으면 좋겠어. (언젠가)

6) wish + 문장(P5)
I wish *I can make you happy*.
s v   o(s + v + o + c)
난 내가 너를 행복하게 할 수 있으면 좋겠어. (언젠가)

(* 위의 예에서와 같이 'wish' 다음에 나오는 문장의 경우 현재형이긴 하지만 조동사가 붙어 확실하게 다가올 미래라는 것을 알 수 있다. 아무튼 'wish' 다음에 현재형 문장이 오는 경우는 그리 흔하게 사용되는 것은 아니다.)

5.2.2 wish 다음 과거형이 오는 경우

 'wish' 다음에 과거형 문장이 주로 사용되는 이유는 현재 지금의 시점부터 앞으로 원하는 바의 일들이 오기를 바라는 마음을 표현하는 것이 아니라 '이미 그러한 일이 발생하였으면 좋았을 것이다'라는 의미로 과거형 시제를 사용하는 것 같다.
예를 들어

I wish *I had much money.*

 위의 문장은 직역을 하면 '나는 돈이 많았었으면 하고 바래'가 된다. 즉 현재가 아니라 이미 과거부터 돈이 많은 상태가 되어 지금까지 있기를 바라는 마음으로 과거의 형태를 사용하는 것 같다. 만일 뒤의 문장을 현재형으로 사용하면

I wish *I have much money.*

라고 한다면 앞으로 돈이 많이 생기기를 바라는 마음을 표현하게 된다. 그렇다면 독자 여러분은 앞으로 돈이 많이 생기기를 바라는가? 아니면 이미 과거부터 돈이 많은 상태가 되어 있기를 바라는가? 이왕이면 앞으로 생기는 것보다 이미 지금 나한테 많은 돈이 있는 것이 더 나을 것이다. 아마 이러한 마음으로 인해 과거형 시제를 사용하게 된 것이 아닌가 여겨진다.
 일반적으로 위의 장에서 배운 바와 같이 어떠한 조건문을 현재형으로 표현한다는 것은 사실상 앞으로 다가오는 일들에 대한 기대를 의미한다. 즉 미래에 대한 기대는 사실상 전부 현재형 시제의 조건문을 사용한다. 그러므로 영어에서 현재형의 조건문은 우리말의 입장에서는 미래가 되는 것이다. 이러한 형태로 볼 때 영어에서 과거로 말하는 조건문은 결국 우리말의 입장에서 보면 현재에 이미 발생한 상황을 가정해서 말하게 되므로 아마 가정법에서 '과거는 현재 사실의 반대'라고 하는 말이 나온 것 같다.
(* 그러나 우리말도 평소에 대화의 내용을 보면 미래에 대한 가정을 꼭 미래의 시제로 표현하지는 않는다. 예를 들면

'돈이 많았으면 좋겠어'

이 문장을 한국사람들에게 무슨 시제냐고 물으면 아마 거의 현재라고 하거나 미래라고 할 것이다. 본인의 의도를 정확하게 물으면 약간 애매해 할지도 모른다. 미래형으로 표현하는 단어나 조사 등으로 되어 있지 않기 때문이다. 심지어는 '~겠어'라는 표현은 오히려 과거에 가깝다. 우리말도 가만히 생각해 보면 어떤 미래에 대한 조건은 현재형으로 표현하는 경우가 더 많다는 것을 알 수 있다.)

예문)

1) wish + 문장(P1)
I wish *I lived in Jeju Island*.
s   v   o(s + v)
나는 제주도에 살았으면 하고 바래.

2) wish + 문장(P1)
I wish *it rained all day long*.
s   v   o(s + v)
하루 종일 비가 오면 좋을 텐데.

3) wish + 문장(P1)
I wish *I traveled Europe*.
s   v   o(s + v)
유럽 여행을 하면 좋겠는데.

4) wish + 문장(P1)
I wish *movie star 'Kim Tae hee' showed up* at the party.
s   v   o(s + v + o)
영화배우 김태희가 파티에 왔으면 좋을 텐데.

5) wish + 문장(P1)
I wish *a bus would come very soon*.
s v   o(s + v)
버스가 빨리 왔으면 좋을 텐데

6) wish + 문장(P1)
We wish *we could be with you all the time*.
 s   v   o(s + v)
우리는 당신과 함께 늘 있을 수 있었으면 좋겠어요.

7) wish + 문장(P2)
I wish *I were a man*.
s v   o(s + v)
난 내가 남자였으면 좋겠어.

(* 주어가 'I'면 'was'가 되어야 하지만 위와 같이 불가능한 가정(이러한 경우를 '가정법미래'라고 한다)을 말할 때 'be'동사는 무조건 'were'를 사용한다. 이와 같은 표현은 'if' 가정법에서도 동일하게 'were'를 사용하는데 최근에 미국식 영어에서 많은 비영어권 이민자들의 문법 파괴적 사용으로 인해 점점 'was'도 많이 혼용해서 사용되고 있다. 'was'를 사용한다고 해도 회화에서는 통용되고 있고 틀렸다고 단정적으로 말하기도 어려운 상황이 되고 있다.)

8) wish + 문장(P2)
I wish *it were my birthday today*.
s v   o(s + v + c)
오늘이 내 생일이라면 좋을 텐데.

9) wish + 문장(P3)
I wish *that I didn't have to study English* tonight.
s v   o(s + v + o)
오늘 밤에 영어공부를 하지 않아도 되면 좋겠어요.

10) wish + 문장(P4)
I wish *he would send me flowers*.
s v   o(s + v + o + o)
그가 나에게 꽃을 보내면 좋을 거에요.

11) wish + 문장(P5)
I wish *you could find someone to heal your* broken
s v   o(s + v + o + c)
heart.
네 아픈 마음을 치료해 줄 사람을 네가 찾을 수 있었으면 좋겠어.

다음은 3개의 문장으로 이루어진 wish 다음에 과거가 오는 문장이다.

12) wish + (P2) + (P3)
I wish *there was something I could do for* my Mom.
s v   o(s + v + c)   something(s+v+o)
우리 엄마를 위해 뭔가 해 줄 수 있는 것이 있었으면 좋겠어.

(* something 다음에 문장이 왔고 'that'이 생략되었다. that 이하 문장은 something을 설명한다. 이때 'that'의 역할을 '관계대명사'라고 한다. 뒤 문장의 'do' 목적어는 'something'이므로 또 다시 사용할 필요가 없다.)

13) wish + (P3) + (P4)
I wish *she had someone who would give her flowers for*
s v   o(s + v + o)   someone (s+v+o+o)
her birthday.
그 여자의 생일날 그를 위해 꽃을 보내줄 사람이 있었으면 좋겠어.

(* 관계대명사 'who'는 someone을 설명하는 말이며 'who'는 이하

문장의 주어로 사용되었다.

14) wish + (P3) + (P3)
We wish *that our school could have many books dealing*
 s   v   o(s + v + o)
we are interested in.
(s + v + o)
학교에 우리가 흥미 있는 것들을 다룬 책들이 많을 수 있었음 좋겠어.

(* 현재분사 dealing with가 사용되었으며 이 'dealing with'의 목적어로 문장이 온 경우로 복문장 '본동사가 아닌 타동사의 목적어로 온 문장'에 해당한다. 그 내용이 '우리가 관심이 있는 무엇'에 해당하므로 이러한 경우는 관계대명사가 아니라 'what' 의문문을 붙여 놓은 경우이다.
3번째 문장 'what' ~ 문장'에서 목적어가 없는 것처럼 보이는 이유는 'what'이 'are interested in'의 목적어이기 때문이다.)

5.2.3 wish 다음 과거완료형이 오는 경우

wish + 과거완료형의 문장은 과거의 어느 상태에 있었기를 바라는 마음에 사용하는 문장이다. 우리말에는 완료형의 동사 시제가 없기 때문에 금방 이해가 가지 않을 수 있다. 완료형에 사용되는 과거분사가 우리말에 존재하지 않는 동사의 형태이기 때문에 완료형도 이해하기 힘든 것이다. 더구나 가정을 해서 말할 때는 더욱 그렇다.
 과거에서 일정한 상태로 유지되어 있는 것을 과거완료라고 한다. 우리말로 볼 때는 상태에 가장 가깝다고 볼 수 있다. 보다 정확한 것은 그 개념을 이해하기보다 많은 문장의 예문을 통해 전체적으로 어떤 상황에서 사용되는 가를 이해하는 것이 더욱 확실하다. 어찌 보면 예문을 충분히 알지 못하기 때문에 이해가 안가는 것이라고 할 수 있다. 참고서나 영어학습서를 보기 보다는 영어 원서인 동화나 수필, 위인전 등을 많이 읽어 문장 속에서 사용되고 있는 완료형의 예문을 잘 들여다보면 훨씬 이해가 정확해 질 것이다.

예문)

1) wish + 문장(P1)
I wish *I had gone there*.
s   v   o(s + v)
나도 거기 갈 걸 그랬나 봐요.

2) wish + 문장(P1)
I wish *I had been there*.
s   v   o(s + v)
나도 거기에 있었으면 했어

3) wish + 문장(P2)
I wish *I had been a man at that time*.
s   v   o(s + v + c)

그 당시 내가 남자였으면 좋았을 걸.

4) wish + 문장(P3)
I wish I had studied the management in college.
s   v   o(s + v + o)
난 대학에서 경영학을 배웠으면 했어.

5) wish + 문장(P4)
I wish I had given him a chance.
s   v   o(s + v + o + o)
그에게 기회를 줄 걸 그랬나 봐요.

6) wish + 문장(P5)
I wish I had let that happen.
s   v   o(s + v + o + c)
그런 일이 일어나지 않았으면 했는데.

(* 뒤 문장에서 주 동사가 사역동사 'let'이므로 보어에 오는 'to happen'에서 'to'를 생략한 것이다.)

5.2.4 wish 다음 미래형이 오는 경우

wish 다음에 미래형의 문장이 오는 경우는 그리 흔하지 않다. 현재형이 충분히 미래에 대한 표현이 되기 때문이다. 아주 간혹 미래형이 사용되는 경우는 먼 미래에 불확실한 상태에서 간곡한 바램이 있을 때이다.

예문)

1) wish + 문장(P1)
I wish *you will come soon*.
s   v   o(s + v)
난 네가 곧 오기를 정말 바래.

2) wish + 문장(P2)
I wish *my baby will be good*.
s   v   o(s + v + c)
나는 내 아기가 착하게 되기를 정말 바래요.

Chapter 6. 그 밖의 가정법

6.1 단문장으로 구성된 가정의 문장

6.1.1 if only
'if only'는 '단지 ~한다면' 가정의 의미로 사용된다. 'if only 다음에 문장이 올 수도 있고 단어 혹은 구(여러 개의 단어가 모여 하나의 단어처럼 하나의 의미를 갖는 것)가 올 수도 있다.

예문)

1) if only + 문장(P1)
If only <u>he could sing</u> well like that.
　　　　　s + v
그가 그렇게 노래를 잘 부를 수만 있다면.

2) if only + 문장(P1)
If only <u>I haven't been tired</u>.
　　　　s + v + c
단지 내가 피곤하지 않은 상태라면.

(* 'be+과거분사'를 동사로 간주하였음)

3) if only + 문장(P2)
If only <u>I were a singer</u>.
　　　　s + v + c
내가 가수였다면 좋았을 텐데

(* 불가능한 가정을 할 때 동사가 'be'동사면 무조건 'were'를 사용한다. 이러한 경우를 '가정법미래'라고 한다.)

4) 문장(P3) + if only
<u>He wanted to stay</u> there even if only for a brief time.
　s + v + o
짧은 시간이라도 그는 거기에 머무르고 싶었던 적이 있었을 거야.

5) if only + 문장(P3)
If only we had paid attention to the news.
         s + v + o
우리가 단지 뉴스에 주의를 기울였더라면.

6) if only + 문장(P4)
If only he sent me a text.
        s + v + o + o
단지 그가 나한테 문자라도 보냈으면 좋을 텐데.

7) if only + 문장(P5)
If only I could make her smile for a second.
        s + v + o + o
잠깐이라도 그녀를 웃길 수 있기만 한다면..

(* 'make'가 사역동사 이므로 뒤에 오는 목적보어의 동사 'to smile'에서 'to'를 생략한 것이다.)

6.1.2 only if
'only if'는 '~한다면 그럴 때만 이다'의 의미로 사용된다. 'if only'와 마찬가지로 뒤에 문장이 올 수도 있고 단어(구)가 올 수도 있다.

예문)

1) only if + 문장(P1)
But only if <u>you come</u> home soon.
　　　　　　s + v
그러나 당신이 집에 빨리 올 때만입니다.

2) only if + 문장(P2)
Only if <u>we are in a hurry</u>.
　　　　s + v + c
우리가 바쁜 경우에만.

3) only if + 문장(P3)
Only if <u>they don't keep their promises</u>.
　　　　　s + v + o
그들이 약속을 지키지 않을 경우에만요.

4) only if + 문장(P4)
Only if <u>she buys me a coffee</u> every morning.
　　　　　s + v + o + o
단지 그녀가 나에게 매일 아침 커피를 한잔 사기만 하면.

5) only if + 문장(P5)
Only if <u>you make me happy</u>.
　　　　　s + v + o + c
단지 당신이 나를 행복하게 해준다면.

6.1.3 as if

'as if'는 '마치 ~인 것처럼'의 의미로 사용된다. 대개는 그 뒤에 어떠한 행동이나 모양을 의미하기 때문에 문장이 오지만 단어(구)가 올 수도 있다.

예문)

1) 문장(P1) + as if
<u>I am walking</u> in the street as if to look healthy.
　　s + v
나는 건강한 모습을 보여주듯이 거리를 걷고 있다.

2) 문장(P2(P1)) + as if (P1)
<u>The lady</u> who <u>Jake met</u> <u>looked</u> as if <u>she was a peony</u>.
　　s　　　　　s + v　　v　　　　　　s + v + c
Jake가 만났던 여자는 마치 모란꽃처럼 보였다.

3) 문장(P3) + as if(P2)
<u>She treated me</u> as if <u>I were a woman</u>.
　s + v + o　　　　　　s + v +c
그녀는 마치 내가 여자인 것처럼 대했다.

6.1.4 if any

'if any'는 '~가 있더라도'의 의미로 사용된다. 위의 예와 마찬가지로 뒤에 문장 혹은 단어(구)가 온다. 대개 앞의 문장의 내용을 보다 극단적으로 설명할 때 사용함으로 앞의 문장이 다시 반복되는 것이 생략되었다고 보는 것이 올바른 해석이다.

예문)

1) 문장(P2) + if any
There are few mistakes, if any.
　　　s + v + c
틀린 데가 있어도 아주 적다.

2) 문장(P3) + if any
They have little hope if any.
　　　s + v + o
그들은 설사 희망이 있다 해도 거의 없다.

3) 문장(P1) + if any.
He plays well using his voice but few if any words.
s + v
그는 가사 없이 아니면 있어도 아주 조금의 가사로도 목소리를 사용해서 연주를 잘 한다.

6.1.5 if ever

'if ever'는 '~를 꼭 한다 하여도'의 의미로 사용된다. 성격상 동사를 강조하는 경우가 많기 때문에 주로 동사 앞에 위치한다. 정확히 말하면 강조하고 싶은 바로 앞에 위치한다.

예문)

1) 문장(주어+ if ever+동사 ;P1)
He seldom, if ever, goes there.
  S   V
그가 그곳에 가는 일은 설사 있다 하여도 아주 드물다.

(* seldom은 강조하고 싶은 단어 앞에 위치한다. 대개 내용상 동사를 강조할 때가 많다. 마찬가지로 'if ever'도 동사 'go'를 강조하기 위해 그 앞에 위치하였다. 이렇게 부사가 여러 개 동시에 나열될 때는 강조하고 싶은 순서이다. 여기서는 seldom이 if ever보다 더 중요하기 때문에 앞에 위치한 것이다.)

2) 문장(if+주어+ever+동사+목적어 ;P3)
If I ever have another chance.
    S   V   C
언젠가 한번 더 기회가 있기만 한다면

(* 위에서 설명한 바와 같이 'ever'는 동사 'have'를 강조하기 위해 바로 그 앞에 위치한 것이다. 'ever'는 꼭 한번의 의미가 강하다.)

6.1.6 if at all

'if at all'은 '가급적'이란 의미로 사용된다. 대개는 문장 전체에 대한 의미이기 때문에 문장의 뒤에 위치한다. 간혹 문장의 맨 앞에 위치하기도 하지만 너무 지나치게 강조하는 것은 문맥상 과도하기 때문에 문장의 제일 뒤에 위치하는 것이 대부분이다.

예문)

1) 문장(P1) + if at all
During a storm, <u>get</u> indoors if at all possible.
       s v
폭풍우가 있을 때는 가급적 실내에 머무르세요

(* 'get' 앞에 주어 'you - 여러분'이 생략된 일종의 명령문이다. 이러한 완곡한 명령문을 간접명령문이라 한다.)

2) 문장(P3) + if at all
<u>I will only do it</u> once if at all.
  s +v + o
나는 그것을 한다 하더라도 꼭 한번만 할 것이다.

6.1.7 if anything

'if anything'은 '오히려'의 의미로 사용된다. 문장 전체에 직접적 영향을 주기 때문에 주로 문장의 맨 앞에 위치한다.

예문)

1) if anything + 문장(P2)
If anything, <u>she is too good</u>.
                  s + v + c
오히려 그녀는 너무 착해

6.1.8 without

'without'은 '~이 없다면'의 의미이다. 그냥 직역을 하여 '~ 없다'라고 번역을 해도 저절로 가정의 의미로 다가올 것이다. 문장 전체에 영향을 주기 때문에 문장의 앞에 위치한다. 또 이 부분이 강조되는 부분이므로 앞에 두어야 한다. 문장의 끝에 두어도 되지만 그 의미가 퇴색된다.

예문)

Without + 문장(P3)
Without your help, <u>I could not do such a thing.</u>
                        s + v + o
너의 도움이 없다면 나는 그런 일을 할 수 없어.

6.1.9 with

'with'는 위의 문장과 반대의 의미를 갖는 '~이 있다면'의 뜻으로 사용된다. 문장 전체에 영향을 주므로 문장의 맨 앞에 위치한다. 직역하면 '~를 갖고 ~게 한다'의 뜻이 되므로 직역을 해도 역시 같은 의미의 가정이 저절로 된다.

예문)

With + 문장(P3)
With your help, <u>I can do such a thing</u>.
　　　　　　　　s + v + o
너의 도움이 있다면 나는 그런 일을 할 수 있어.

6.1.10 but for

'but for'는 '~이 없다면'의 의미로 종종 사용된다. 'but'은 부사로 '~을 제외하고'의 뜻도 갖고 있다.

예문)

But for + 문장(P2)
But for that fast talker, <u>the company would be quiet.</u>
　　　　　　　　　　　　　　s + v + c
저 말 빠른 수다쟁이가 없으면 회사가 조용해 질 거야.

(* 직역하면 '~를 향한 것' 빼고는)

6.1.11 'to+원형동사'

'to 원형동사(부정사)'는 '~하는 것' 혹은 '~하기 위하여' 등 다양한 의미로 사용되는데 문장의 맨 앞에 단독으로 온다면 가정의 의미로 종종 사용된다.

예문)

To 부정사 + 문장(P3)
To see world Korean movie star 'Lee Byung Hyun', you would fall in love at first sight.
s + v + o
한국의 세계적 영화배우인 이병헌을 본다면 넌 첫 눈에 사랑에 빠질 거야.

(* 직역을 하면 '이병헌을 본다는 것은'이 되므로 본질적으로는 같은 의미가 되고 내용상 가정의 의미를 갖게 되는 것이다. 이러한 경우는 당연히 'to 부정사'가 문장의 맨 앞에 위치하여야 한다.
'To + 원형동사'에서 동사가 타동사이므로 목적어고 그 다음에 바로 위치한다.)

6.1.12 I had to 로 시작하는

'I had to'는 'I have to'의 과거형이다. 일반적으로 이 경우 'have to'가 조동사로 사용되었다고 설명된 책이 많은데 그것은 틀린 말이다. 정확히 말하면 'to + 원형동사'인 'to 부정사'가 'have'의 목적어로 온 것이다. 직역을 하면 '~하려는 것을 갖는다'의 뜻이 된다.

만일 'have to'가 조동사가 되려면 'have not to'로 부정문을 만들어야 하는데 그렇게 하지 않고 'don't have to'라고 한다. 조동사 'do not'을 별도로 사용하였으므로 엄연히 'have'는 동사로 사용된 것이다.

'had to'는 'have to'의 과거이므로 직역을 하면 ' ~을 해야만 했다'의 뜻이 된다. 결국 '하지 못했다'는 의미가 되고 과거의 일을 후회하면서 하는 말이 된다. 그러므로 이 문장에 대한 부정문도 역시 'didn't have to'가 된다. 우리말로 볼 때는 'should'와 같은 의미로 해석되지만 'should'는 일종의 제안에 가깝기 때문에 'had to'보다는 훨씬 완곡한 표현이다. 만일 상대방에게 'had to'라고 표현하면 자칫 실례가 될 수 있는 너무 강한 표현이므로 가능하면 'should'를 사용하는 것이 더 좋다.

아래의 예문은 기본적으로 3형식 일 수 밖에 없다. 왜냐하면 'to 부정사'가 'had'의 목적어이기 때문이다. 'had to'가 조동사인 것으로 간주하여 예문을 소개한다.

예문)

1)
I had to be here at this time yesterday.
난 어제 이 맘 때 여기 있어야만 했어.

2)
We didn't have to be sad yesterday.
우린 어제 슬퍼하지 말았어야만 했어.

3)
You had to take two pills after dinner yesterday.
넌 어제 저녁 먹은 후 약 2개를 먹었어야만 했어.

4)
He had to send you the mail yesterday.
어제 그가 너한테 메일을 보냈어야만 했어.

5)
They didn't have to make the baby cry yesterday.
그 사람들이 어제 그 아이를 울리지 말았어야만 했어.

(* 'make'가 본동사가 아니지만 사역동사로 사용되었으므로 그 뒤에 나오는 문장에서 동사는 'to'를 생략해서 사용한다.)

6.2 복문장으로 구성된 가정의 문장

6.2.1 현재분사를 사용한 복문장

현재분사가 문장의 앞에 오고 그 뒤에 문장이 오는 경우인데 항상 가정의 문장으로 해석하는 것은 아니고 문맥의 흐름으로 보아 가정의 문장이 된다. 사실 직역을 하면 가정은 아니고 우리말로 해석하는 과정에서 가정의 문장으로 의역이 된다.

예문)

현재분사 + 문장(P3)
Driving down the road, <u>you can find a pretty house</u> on
　　　　　　　　　　　　　s + v + o
the hill.
직역 -> 길 아래로 운전해 내려가면서 언덕 위에 예쁜 집을 발견할 수 있습니다.
의역 -> 길 아래로 운전해 내려가면 언덕 위에 예쁜 집을 발견할 수 있습니다.

(* 사실 이 문장은 You can find a pretty house on the hill driving down the road.의 문장에서 현재분사부분(현재분사구)을 문장 앞으로 도치하였다
고 볼 수 있다. 이처럼 현재분사구의 의미를 강조하기 위해 문장 앞으로 위치하는 경우가 많다.)

6.2.2 과거분사를 사용한 복문장

위의 현재분사구를 사용하는 것처럼 과거분사구를 문장의 앞에 사용하면 가정의 의미가 된다. 과거분사의 문장은 사실상 문장으로 전환하면 뒤에 나오는 문장의 주어와 같은 것이다. 그래서 이러한 경우를 문법에서 의미상의 주어가 같다고 하고 그렇기 때문에 생략한 것이라고 할 수 있다.

예문)

1) 과거분사 + 문장(P2)
Compared with movie star 김태희, <u>my sister is much</u>
                                    S + v + c
<u>prettier.</u>
영화배우 김태희와 비교해 보면 우리 누나가 더 예뻐요.

(* 이 문장을 생략하지 않고 온전한 문장으로 하면

   My sister is compared with movie star 김태희, she is much prettier.

이라고 해야 하는데 'My sister'와 'she' 주어가 같다. 그렇다고 뒤에 오는 문장의 주어, 동사 'she is'를 생략하는 것이 어색해서 앞의 문장에서 생략하는 것으로 발전한 것 같다. 그렇다고
She is compared with movie star 김태희', ……..
라고 하는 것은 'my sister'보다 앞에 미리 'she'를 사용할 수는 없는 것이다. 따라서 위의 예문이 가장 자연스럽다.)

2) 과거분사 + 문장(P2)
Seen at a distance at night, <u>it might look like a human</u>
                               s + v + c
being.

밤에 먼 거리에서 보면 사람처럼 보일지도 몰라.

3) 과거완료(had+과거분사;문장(P1)+문장(P3)
<u>Had I studied</u> harder, <u>I could have got a driver's license.</u>
   s + v   s + v + o
공부를 더 열심히 했더라면 운전면허를 딸 수 있었는데.

(* 앞의 과거완료문장은 조동사 had와 주어를 도치시킨 문장이다. 뒤의 문장과 주어가 같기 때문에 주어를 생략하고 이와 같이 종종 사용된다.
도치를 할 때는 반드시 '부사+동사+주어'의 순으로 해야 한다. 특히 과거완료를 사용한 가정법의 경우는 이러한 도치의 방법으로 하는 경우가 많다.)

6.2.3 when 복문장

'when'을 이용한 가정은 '~하면'의 의미로 가정으로 사용할 때는 주로 문장의 앞에 위치한다. 즉 가정을 강조하는 것이라고 볼 수 있다. 그렇지만 어떤 시간을 설명할 때는 문장의 뒤에 위치하는 것이 자연스럽다.

예문)

when문장(P3) + 문장(P4)

When <u>you get home</u>, <u>send me a text</u>.
        s + v+ o   (s) + v + o + o
집에 도착하면 나한테 문자 보내줘.

(* 두 번째 문장 주어 'you'가 생략되었다. 일종의 명령문이라고 볼 수 있다.)

6.2.4 현재, 과거를 함께 사용한 복문장

 말하는 시점은 현재이지만 조건에 해당하는 문장은 과거로 사용하는 경우이다. 사실 이러한 가정의 형태는 우리말에서도 찾아볼 수 있다. 예를 들면

'자고 있어야 할 시간 아니야?'

라고 말하는 것처럼 이미 상황이 발생하여 과거의 상태가 되어야 하는 것을 가정해서 말하는 것이다.

예문)

현재형 문장 + 가정의 문장(과거 P1)
it is time that <u>you went</u> to bed.
　　　　　　　　　s + v
직역 -> 침대로 갔어야 할 시간인데.
의역 -> 자러 갈 시간인데.

6.2.5 as if 복문장

'as if' 단문장 가정문의 경우와 동일하다. 다만 'as if' 다음에 문장이 온 것이다.

예문)

문장(as if 문장-보어절(P3) ;P2)
You are acting as if you know me.
 S   + v   c (s + v + o)
당신은 마치 나를 아는 것처럼 행동하는군요.

(* 'as if' 문장이 전체 문장의 '보어'자리에 왔다. 즉 전체 문장은 '주어+동사+보어 ;P2'인데 보어 자리에 단어 대신 문장(P3)이 온 경우이다. 이렇게 사용된 문장을 '보어절'이라고 한다. 저자의 책 '복문장 영작의 모든 것'에 나오는 복문장 형태 중 '5형식에서 단어 대신 문장이 사용된 복문장'의 경우이다.)

6.2.6 if only 복문장

'if only'를 사용한 가정의 단문장과 동일한 개념으로 단지 'if only' 다음에 문장이 온 경우이다.

예문)

If only문장(주어+동사+목적어1+목적어2 (문장;

P3) ;P4)
If only I could show her *how much I love her.*
       s   v   o1   o2(s + v + o)
얼마나 그녀를 사랑하는지 그녀에게 보여줄 수만 있다면

(* 'if only' 문장 전체는 4형식이며 목적어2 자리에 문장이 왔다. 즉 전체 문장은 '주어+동사+목적어1+목적어2'인데 목적어2 자리에 단어 대신 문장이 온 경우이다. 이렇게 사용된 문장을 '목적어절'이라고 한다. 구태여 표현한다면 목적어1과 다르므로 '목적어2절' 혹은 목적어2를 간접목적어라고도 하니까 '간접목적어절'이라고 할 수 있다. 저자의 책 '복문장 영작의 모든 것'에 나오는 복문장 형태 중 '4형식에서 단어 대신 문장이 사용된 복문장'의 경우이다.)

6.2.7 only if 복문장

예문)

문장(P1) + only if 문장(P1)
<u>I will walk</u> in the park tomorrow morning only if <u>you</u>
s + v   s + v
<u>walk</u>.
네가 산책을 하는 경우에만 나도 내일 아침 산책을 할 거야.

6.2.8 even if 복문장

'even if'는 '~라 할지라도'의 의미로 대개 문장이 온다. 우리말의 순서는 'even if'의 내용이 앞에 오지만 영어에서는 어떻게 하겠다는 결과의 내용이 더 중요하므로 'even if'문장은 뒤에 오는 것이 자연스럽다.

예문)

문장(P1) + even if
         + 문장(주어+동사=목적어 ;P#3)

<u>I will not mind</u> even if <u>she meets whomever</u>.
   s + v   s + v + o
그 여자가 누구를 만나도 난 개의치 않을 거야.

6.2.9 even though 복문장

'even though'는 '~라 할지라도'의 의미로 사용되며 내용상 문장이 온다.

예문)

even though 문장(P1) + 문장(P2)
Even though <u>my brother lives</u> in the U.S, <u>he is Korean.</u>
　　　　　　　s + v　　　　　　　　　　　　s + v + c
우리 형은 미국에 살지라도 한국사람이에요.

6.2.10 unless 복문장

'unless'는 '만일 ~하지 않는다면'의 의미로 사용되며 당연히 내용상 문장이 올 수 밖에 없다.

예문)

문장(P3) + unless 문장(P3)
<u>I will close this meeting</u> unless <u>you have questions</u> any
　　s + v + c　　　　　　　　　　　s + v + o
more.
더 이상 질문이 없으면 회의를 마치겠습니다.

6.2.11 once 복문장

'once'는 '일단 ~ 하기만 하면'의 의미로 사용된다. 내용상 문장이 올 수 밖에 없다.

예문)

once 문장(P3) + 문장(P3)

Once <u>I start eating</u>, <u>I can't stop it</u>.
       s + v + o   s + v + o
일단 먹기 시작하면 난 멈출 수가 없어.

6.2.12 what if 복문장

'what if'는 '~ 하면 어떻게 되지', 혹은 '~하면 무슨 일이 발생하나'의 의미로 사용된다. 내용상 문장이 올 가능성이 많다. 이것도 역시 가정의 문장이기 때문에 'what if' 다음에 오는 문장은 현재형이 오면 그것은 앞으로 다가오는 일에 대한 가정이 된다. 즉 미래에 대한 가정이 되는 것이다.

예문)

what if + 문장(P1)
What if <u>I go</u> there?
        s + v
내가 거기에 가면 어떻게 되지?

what if + 문장(P2)
What if <u>you were wrong</u>?
        s + v + c
네가 틀렸으면 어떻게 할 건데?

What if + 문장(P3)
What if <u>your father has not brought the thing</u>?
        s + v + o
네 아빠가 그것을 갖고 오지 않으셨다면 어쩌지?

(복문장)
문장(p3) + what if + 문장(P4)
<u>I</u> <u>wondered</u> *what if you had not sent me mail.*
s   v   o (s + v + o1 + o2)
당신이 나에게 메일을 보내지 않았다면 어떻게 해야 하는지 걱정을 했어요.

(* 위의 문장은 앞의 P3문장에서 목적어 대신 'what if' 이하의

문장이 온 것이다. 즉 목적절로 온 것이다.)

What if + 문장(P2 - P3)
What if <u>the thing *the suspect said* was not true?</u>
　　　　　　s(s + v + o)　　　　　　+ v + c
그 용의자가 말한 게 사실이 아니라면 어쩌지요?

(* 문장 전체는 2 형식이지만 주어의 'the thing'의 내용을 설명하기 위해 'the suspect said' 문장이 온 것이다. 정확히 하려면 'the thing' 다음에 관계대명사 'that'이 생략되었다. 'said'의 목적어는 앞에 온 'the thing'이므로 다시 사용할 필요가 없어 생략되었고 뒤의 문장은 3 형식이 된다다. 이러한 경우를 복문장의 단어를 설명하기 위해 온 'attached 형'이라고 한다.)

6.2.13 if what 복문장

'if what'은 특별한 가정법이 아니고 'if' 가정법에 'what' 문장이 왔다. 이 경우 'what' 다음에 문장이 오는데 'what' 의문문을 간접의문문 형태로 붙여 놓았다고 생각하면 이해가 쉽다. 결국 'what' 문장을 'if'로 가정해서 말하고 그 결과의 문장이 오게 되므로 복문장의 형태가 될 가능성이 높다. 그것도 3개의 단문장으로 구성된 복문장.

예문)

복문장 (3개)
if 문장(P2-what의문문 P3) + 문장(P3)
If *what you say* is true, I'll eat my hat.
      s + v + c   s + v + o

직역-> 네가 말한 무엇이 사실이면 내 모자를 먹을 거야.
의역-> 네가 말한 게 사실이면 내가 손에 장을 지진다.

(* 'if'문장 'what 의문문'이 'true'라면 결과의 문장 P3가 온 것인데 이때 'what' 의문문 문장이 'if' 문장 안에서 주어 대신 왔다. 결국 전체적인 형태는 'if'문장 + 결과의 문장 2개이며 다시 'if'문장 주어 대신에 문장이 왔으므로 3개의 문장으로 구성되었다.)

부록 1. 복문장의 7가지 형태

Pattern #1. (Five Pattern형 ; Fp형)
문장의 5형식 안에 중복되어 들어간 복문장
(중복된 문장이라고 하여 중문)
F11 1형식 주어의 자리에 중복된 문장 (주절)
F2 2형식 주어나 보어의 자리에 중복된 문장
F21 2형식 주어의 자리에 중복된 문장 (주절)
F23 2형식 보어의 자리에 중복된 문장 (보어절)
F213 2형식 주어와 보어의 자리에 동시에 중복된 문장 (주절+보어절)
F3 3형식 주어나 목적어 자리에 중복된 문장
F31 3형식 주어의 자리에 중복된 문장 (주절)
F33 3형식 목적어 자리에 중복된 문장 (목적어)
F313 3형식 주어와 목적어 자리에 동시에 중복된 문장 (주절+목적절)
F4 4형식 주어나, 제1목적어, 제2목적어 자리에 중복된 문장
F41 4형식 주어의 자리에 중복된 문장 (주절)
F43 4형식 제1목적어 자리에 중복된 문장 (제1목적절=간접목적절)
F44 4형식 제2목적어 자리에 중복된 문장 (제2목적절=직접목적절)
F413 4형식 주어와 제1목적어 자리에 동시에 중복된 문장 (주절+제1목적절)
F414 4형식 주어와 제2목적어 자리에 동시에 중복된 문장 (주절+제2목적절)
F434 4형식 제1목적어, 제2목적 자리에 동시에 중복된 문장
(제1목적절+제2목적절)
F4134 4형식 주어, 제1목적어, 제2목적어 자리에 동시에 중복된 문장
(주절+제1목적절+제2목적절)
F5 5형식 주어, 목적어, 목적보어 자리에 중복된 문장
F51 5형식 주어 자리에 중복된 문장 (주절)
F53 5형식 목적어 자리에 중복된 문장 (목적절)
F54 5형식 목적보어 자리에 중복된 문장 (목적보어절)
F513 5형식 주어와 목적어 자리에 동시에 중복된 문장 (주절+목적절)
F514 5형식 주어와 목적보어 자리에 동시에 중복된 문장 (주절+목적보어절)

F534 5형식 목적어, 목적보어 자리에 동시에 중복된 문장
(목적절+목적보어절)
F5134 5형식 주어, 목적어, 목적보어 자리에 동시에 중복된 문장(주절+목적절+목적보어절)

Pattern #2 (Pr형)
Process형 – 문장이 순서대로 나열된 문장 (모든 접속사 사용 문장)

Pattern #3 (It형)
If-then형 – if, when의 조건문이 앞에 오고 그 결과의 문장이 뒤에 오는 문장

Pattern #4 (Dw형)
Do-While형 결과의 문장이 먼저 오고 뒤에 어떤 상황이나 조건을 설명하는 문장

Pattern #5 (At형)
Attached형 – 어떤 단어를 뒤에서 문장으로 설명하는 문장 (관계대명사의 문장)

Pattern #6 (Vo형)
Verb Object형 – 본동사가 아닌 동사(to부정사, 현재분사, 동명사)의 목적어로 온 문장

Pattern #7 (Po형)
Preposition Object형 – 전치사의 목적어로 온 문장

위의 7가지 복문장 Pattern이 혼합되어 3개 이상의 복문장이 올 수 있다. 그러므로 모든 복문장은 위의 기호를 사용하여 코드로 표현이 가능하다.

(보다 자세한 내용과 예제 문장은 필자의 저서 '복문장 영작의 모든 것' 참조)

부록 2. 동사의 16가지 시제의 예

현재형
I look for her
나는 그녀를 찾습니다.

현재진행
I am looking for her
나는 그녀를 찾고 있는 중입니다
*가끔은 이미 확정되고 곧 실현될 미래 즉 이미 마음을 먹은 상태일 때 사용된다.

과거
I looked for her
나는 그녀를 찾았습니다.

과거진행
I was looking for her
나는 그녀를 찾고 있는 중이었습니다

현재완료
I have looked for her
나는 그녀를 쭉 찾고 있는 상태입니다
*완료형은 우리나라 말에 없는 시제로 이해가 어렵다. 어떤 상태가 지속되는 상황에 사용된다. 현재완료는 그러니까 그런 상태가 지금 지속되고 있는 상황이다.

과거완료
I had looked for her

나는 한때 그녀를 찾은 적이 있었습니다
*지금은 아니고 과거 한 때 상태가 지속되고 있는 상황이었다.

미래
I will look for her
나는 그녀를 찾을 것입니다

미래진행
I will be looking for her
나는 그녀를 찾고 있는 중일 것입니다 (꼭 찾을 것입니다)
*확정된 미래에 사용된다. 그러므로 '꼭 ~할 것이다'의 뜻으로 볼 수 있다.

현재완료진행
I have been looking for her
나는 그녀를 엄청 찾아 헤맸습니다
(오로지 찾기만 했다는 과장된 표현)
*과장된 표현에 주로 사용한다. 현재진행이 계속 지속되고 있는 상황이다.
I am looking for her. 문장에서 'am'을 완료형으로 했다. ~ have been ~

과거완료진행
I had been looking for her
나는 한때 그녀를 엄청 찾아 헤맸습니다
*현재완료진행과 마찬가지 개념으로 지금은 아니고 과거 한 때 그런 상황이 지속되고 있었다는 과장된 표현
I was looking for her. 문장에서 'was'를 과거완료형으로 했다. ~ had been ~

미래완료

I will have looked for her

나는 한동안 그녀를 찾을 것입니다

*미래 어느 시점에서 한동안 상태가 지속될 때 사용한다.

I will have stayed in NY for 3 years. 뉴욕에서 3년간 있는 상태가 될 거야.

미래완료진행

I will have been looking for her

나는 한동안 그녀를 찾는 것만 할 것입니다

*위 문장의 예제로 보면 '뉴욕에서 3년간 처박혀 있게 될 거야'와 같이 과장된 표현을 할 때 사용한다.

가정법 과거

I would look for her

나는 그녀를 찾았을 겁니다

*과거에서 미래를 말할 때 주로 사용된다.

~ should ~ 나는 그녀를 찾아야만 했습니다.
~ could ~ 나는 그녀를 찾을 수 있었습니다.
~ might ~ 나는 그녀를 찾았을 지도 모릅니다.

*전부 실제는 그렇게 하지 않았다는 의미이다. 즉 가정해서 말하는 것이다. I would like to drink something.은 실제로는 '뭔가를 마셨으면 좋았을텐데'의 의미로 과거처럼 보이지만 지금도 현재 그렇다는 의미로 종종 사용된다. 그러면 표현이 훨씬 완곡해진다. 그래서 정중한 표현처럼 되는 것이다.

가정법과거완료

I would have looked for her

나는 한동안 그녀를 찾았을 겁니다

가정법과거진행

I would be looking for her

나는 그녀를 찾고있는 중이었을 겁니다

가정법과거완료진행

I would have been looking for her

나는 한동안 그녀를 엄청 찾아 헤매고 있었을 겁니다

*완료진행형이므로 지속되고 있는 상태를 과장되어 표현할 때 사용한다.